ちくま学芸文庫

ドゥルーズ

解けない問いを生きる
〔増補新版〕

檜垣立哉

筑摩書房

目　次

第二部 125

ドゥルーズ——解けない問いを生きる〔増補新版〕

文庫版まえがき

本書は、二〇〇二年にNHK出版から「哲学のエッセンス」というシリーズのもとで刊行された『ドゥルーズ　解けない問いを生きる』をほぼそのまま第一部とし、そこで扱いえなかったドゥルーズの後期、おもにガタリとの共著の時期を第二部として書き下ろして成り立った「増補完全版」である。

「哲学のエッセンス」は、できるかぎり平易な言葉で、また極力引用や専門的な読解を避け、その思想家のエッセンスそのものを描きだすシリーズであった。このたび、ちくま学芸文庫から本書を刊行するにあたって、できるかぎり第一部の書き方を踏襲するようにし、第二部を（「文庫版あとがき」で記すように、さまざまな自分の業績を踏まえつつも）新たに、ほぼ同量書き加えている。しかし、第一部を記した時点から、筆者自身すでに一七年もの歳月を重ねている。その筆致や雰囲気に、いささかの違いが出ることはお許しいただきたい。

ドゥルーズは二一世紀になり、たんなる現代思想ではない古典としての研究が進むとともに、それ以上に、その思想の意義が別の思想へ接続されるなど、(新たな哲学思潮や政治的思考はもとより、人類学、社会学、教育学などにもおよんで)多大な影響を与えている。またドゥルーズが二〇世紀後半に、近代後期から新しい時代を生みだすためになした「苦闘」は、現在においても「解決」をみているものではない。意匠を新たにしたこの書物が、二一世紀の「現在」を考え抜くために、ドゥルーズの思想の起爆力をうまく伝える役割を果たしてくれれば幸いである。

第一部

I　はじめに――解けない問いがあらわになってくること

哲学とは何か

いまという時代とは、どのような時代なのだろうか。そして、いまという時代のなかで何かを真剣に考えぬいたり、何かをしようとしてその行動の指針を探したりするときに、よりどころとなるもの、よりどころとすべきものとは、どのようなものだろうか。あるいは、よりどころがあると考えたり、よりどころを求めたりする発想そのものが間違っているのだろうか。ではそれならば、（よりどころがないことも含めて）そこで確かなものと、声を大きくしていえることとは何なのだろうか。

哲学の本をこのように始めることには、いろいろと違和感を覚えるひとがいるかもしれない。哲学とは、はじめから時代を超越した真理や根拠を求める学問とおもわれているふしもあるからだ。そしてまた哲学自身も、このことを臆面《おくめん》もなく認めたりもするからだ。

あらゆる学の基礎づけとしての哲学というアイデアは、たいへん根深いものがある。だけどその意味で、哲学とは、この時代からいちばん遠いものとも受けとめられかねない。どう考えても、科学や歴史や社会に関するアクチュアルな議論が、哲学による根拠づけを要求しているとはおもわれない。そもそも哲学者といわれるひとびとが、科学者や社会学者に対して有効な示唆をしてあげるといえば、彼ら／彼女らは失笑を隠せず、哲学者とはなんて無自覚で滑稽な連中だとしか感じられないだろう。まして基礎づけとか根拠づけとか、そういうものをすべて失っているのが、いまという時代ではないか。根拠そのものを欠いているということが、いまを生きることの〈困難さに充ち、また空疎に明るくもなれる〉リアリティーではないか。哲学なんてなくても、誰もこまりはしないんじゃないか。

こうしたいかにもまっとうな疑問に対して、でも私は、ジル・ドゥルーズ〔一九二五―九五〕という二〇世紀後半のまぎれもなく見事な〈哲学者〉――二〇世紀の終わりの時代に、それこそ何のてらいもなく『哲学とは何か』という表題の本を（フェリックス・ガタリ〔一九三〇―九二〕との共著であるが）著しているのだから――の立場を借りて、次のように述べてみたい。

ドゥルーズと哲学

確かに、いまという時代とは、根拠とか、基盤とか、絶対的な基準とか、そうしたものがほとんど欠落した時代である。ここで、ある規範が、ある真理が、つまりはある種の言葉の集まりが絶対に正当であるとか、間違いなく根拠をなしているとかいうならば、そんなことはすべてが嘘《うそ》だと決めてかかってもよい。誰も自分のいうことが絶対に本当だと主張する権利も自信ももってはいない。言葉をあやつる誰もがいまは寄る辺ない。

しかしだからといって、すべては時代の産物であって、正しいことや考えるべきことは、時代の枠組みのなかでしか意味をもたないといいきれるのだろうか。考えるという作業は、極論すれば時代のあぶくみたいなもので、時の流れのなかで現れては消えていく相対的なものと開きなおってよいのだろうか。そして、何か正当なことを述べたければ、その時々の科学や歴史学や社会学の提示してくれる、客観的な事実という装いをもったデータを詳細に並べればことたりるとおもうべきなのだろうか。そうではないはずだ。

ポストモダンに分類される現代思想は、〈反‐哲学〉を標語としながら、従来の哲学に強い反省を迫っている。だからそこでは、はじめから哲学を、時代の流れに解消してしまう傾向も色濃いようにおもわれがちである。とくにドゥルーズは、生成だとか流動だとか、あるいは表面だとか効果だとかを、現代風のスタイルで派手派手しく論じているだけのひとも受けとられやすい。

実際にドゥルーズは、深みのある根拠を嫌って、あるいは永遠の真理という偶像を破壊して、生成の戯れのような場面をきらめかせていく。しかしそれは、哲学の言葉を、時代の産物や流行に解消させるためではない。

たとえば『哲学とは何か』のなかで、彼は哲学に対するさまざまな敵を設定しながら、哲学を徹底して擁護しようと試みている。ポストモダンの哲学者としては意外なことに、ドゥルーズはそこで哲学を、コミュニケーションにも、対話や議論にも、様々な人間科学（精神分析・人類学・言語学、等々）にも解消できないし、してはならないと主張するのである（いまだったら、カルチュラル・スタディーズやポスト・コロニアルといった、ポストモダン風にアレンジされた実証主義歴史学が、哲学の最大の敵であるというだろう）。

対話や討議、個別科学や社会史的叙述、ポストモダンの論脈でさまざまに展開されているこうした諸学には、もちろん相応の意義がある。しかしドゥルーズは、そこからは明確に一線を引きながら、根拠を失ったこの時代における、思考としての哲学の意義を信じているのである。根拠がないからといって対話やコミュニケーションの場に頼ることも、事実に依存しきることもしない。むしろ孤独のなかで原理を語り尽くすという哲学の姿勢をはっきりと擁護し、それのみが明かしうる世界の叙述というスタイルを崩さないのである。

別の方向から述べてみよう。深い真理や根拠をすべて否定して、うたかたのように浮かんでは消えていく言葉の戯れを愛《め》でたり感受したりすることは楽しいかもしれない。ドゥルーズも、さまざまな読まれ方のできる多面的なひとだから、文学や文化や芸術を主題にしたテクストをとりあげて、ポストモダンの審美的な思想家のひとりとして描かれることは可能である。さまざまな領域を横断的に駆けめぐる、〈悦ばしき知〉の実践者としてのドゥルーズ。実際にドゥルーズが紹介されてきた経緯を見れば、このようなイメージが一般的なのかもしれない。

しかし、ドゥルーズのテクストの核心にあるのは、ひどくホネのある〈哲学史的背景をきちんと引き受けた〉哲学の議論だ。それは一見して〈反-哲学〉的にみえながらも〈ある意味で〈反-哲学〉を論じたてながらも〉、しかしこの時代において、どのような哲学の言葉が可能なのかをいつも探っている。根拠も方向性も見いだせず、とはいえ偽りの根拠や方向性を提示することも避けながら、ドゥルーズは、たんに時代の枠組みに乗っかるだけではない言葉を語りきろうとしている。それはむしろ、この時代の根拠のなさを引き受けながら、何かをなしたり、なによりも生きぬいていくことがどのように可能なのかを探ろうとする試みなのである。

この本で私がおこないたいことは、こうしたドゥルーズ哲学の、時代とかかわりながらも時代に流されない骨組みのような部分を、できるかぎりクリアに示すことである。私は、ドゥルーズの哲学とは、いまにおいて何かを思考するための大きな手がかりになると考える。

ここで問題は、この文章のはじめに戻っていくだろう。つまり、いまとはどのような時代なのか。そしてドゥルーズの哲学とは、何をどのように論じている点で、いまを生きぬく哲学でありうるのか。

いまという時代

いまという時代とはいつのことなのだろうか。こんな問いからはじめてみたい。

いまをポストモダンと名指すことは、あまりに乱暴なことであろうか。しかし、ポストモダンという言葉は無視しえない内容をすでにもっているともおもう。モダン（近代）のポスト（後）であるという自覚は、いまという時代が具体的にいつであるかを考える以前に（つまり年代的な位置測定に先だって）、それが近代という枠組みが壊れたのちの時代であることをはっきりと示している。いまを生きるわれわれは、すでに近代ではない（近代というあり方が通用しない）場面を受け入れざるをえないのだ。

では、近代ではない場面とは、どのようなものなのか。ここでミシェル・フーコー（一九二六―八四）の『言葉と物』という、もはや古典的としかいいようがない著作を例に考えてみたい（ちなみにフーコーは、ドゥルーズのほとんど唯一の同時代的な盟友であった。哲学に対する姿勢は、ほぼ正反対なくらいに異なっているのだけれど）。

『言葉と物』でフーコーは、人間科学にまつわる諸言説を分析しながら、いまが位置づけられるのは、まさに「人間の時代」である「近代」が崩壊していく局面であることを記述していく。そこでフーコーが、「人間の消滅」といういささかエキセントリックなスローガンを掲げるから、この書物もこの思想家も、誤解されたり過度にもちあげられたりもした。

しかしフーコーが描く歴史的な診断は、さして奇をてらったものではなく、むしろかなり堅実なものだといえる。彼の議論の焦点は、いつも西洋近代的な「人間」が、どのような言説の空間から生じたのか、そしてそこで成立した「人間学的まどろみ」はいかに眼ざめさせられざるをえないのかを描いていく（「人間学的まどろみ」という表現は、イマヌエル・カント〔一七二四―一八〇四〕の「独断のまどろみ」のパロディーである。カントは独断的形而上学《けいじじょう》からの解放を、独断のまどろみから醒《さ》めることと捉《とら》えたが、フーコーはそこで、カントが、「人間」として描かれる図式に絡めとられ別種のまどろみに陥る事情をこう表現している）。そこでフーコーは、「人間」という崩れていく体制にしがみつく反動的な思考と、「人間」という形象が消滅して新たな何かが生まれていく希望に向かう思考とを、選りわけるように提示するのである。

ではここで、「人間」として示される対象とは何であろうか。

フーコーは思想史上の系譜として、カントの「人間学」をもちだしている。そこで「人間」とは、問いに対する解答の根拠たりうる事象のこと、つまり問いに対して「超越論的」な、上から統括する位相にある事象のことである。だからカントでは、「人間とは何か」という、世界を生きる「人間」の能力への問いが、認識や行為のすべてを解くための問いでありうることになる。

人間とそれ以降

つまり、こうである。(カント以前の)一七世紀であれば、問いを解く基盤は「神」にあっただろう。この世界を設計した「神」の知性が、問題に解答を与えただろう。しかし一八世紀以降の「人間学」の時代において、世界の中心としての「神」はすでに過ぎ去り、「人間」が神の位置にとってかわっている。

だから世界に関する知識の根拠を求めたければ、世界を認識する「人間」の能力が基準になる。世界を生きることの善を根拠づけたいならば、「人間」の実践能力を調べればよい。もちろん、ことはそんなに単純ではないかもしれない。政治的な意味での〈人権〉概念の成立や、〈人間中心主義〉として批判的に描かれる「人間」を想定するならばわかりやすいこうした議論も、科学や数学の基礎づけにまで素直に拡張できるのか、いくつかの疑念もわく。しかしまずもって重要なのは、ここで「人間」が、問いを解くための基盤として描かれているという事実である。そして近代とは、この意味で、「人間」を確保している時代だったということである。

だが実際には「人間」が、世界から完全に超越し、それを上からおさえつけるように存在することはありえない。「人間」とは、いつも生物学的・環境的・歴史的につくりだされたものだからである。「人間」とは何かという探求も、それが時空的に多様な側面をもつ以上、終わりのないものである。それゆえ、そこで「人間」は、上からすべてを統括するような装置でありながら、具体的な存在者でもあるという、矛盾した二重性をかねそなえてしまう。

この二重性は、いわば「人間」が、その成立と同時に、矛盾に行きあたり自己崩壊する過程をたどらざるをえないことを意味している。こうした二重性をとりだすことが、「人間」に関するフーコーの記述の真骨頂をなすだろう。「人間」とは、その成立のはじめからグラグラしたものとしてしか描けないのだ。

この構図をとりだすことで、フーコーは、近代へのひとつの見方を与えている。そして近代の後に位置するポストモダンの課題をも示している。すなわち近代とは、「人間」という不安定な超越を、矛盾した中心であるという不安とともに引き受ける時代のことである。そして近代以降の場面とは、かりそめにも基盤として機能していた「人間」がすでに自己崩壊し、問いを解きうる基盤が失われたことが、つまりもはや問いは解けないことが突きつけられている場面なのである。

ではどうするのか。「人間」以降の、基盤なきこの時代とは、どのように示されるのか。ここでフーコーを語るドゥルーズが、しばしばフリードリヒ・ニーチェ（一八四四―一九〇〇）の「超人」概念を、まさに言葉の戯れのようにもちだしてくるのは理解できないことではない。「人間」という基盤が機能しなくなるならば、そこで「人間」を超えたものが、本当は未知の力の表現として、記述上要請されることはありうるからだ。

しかし「超人」は誰にとっても明らかであるとはいえないし、確かにレトリカルにすぎる表現でもある。だから、そこでなされなければならないのは、問いを解く基盤が自己崩壊したのちに、解けない問いに直面して、われわれがどう振る舞いうるのかを考えることだろう（つまり、「超人」に具体的な内容を与えていくことだろう）。いまとは、そうした思考が自覚的に強いられている時代なのである。

解けない問いに直面する

問いが解けないことに直面した時代がいまであるという主張は、けっして目新しいものではない。二〇世紀は不安の時代だとか、基盤を失った時代だとか、実にさまざまにいわれている。

たとえば一九世紀の終わりから、哲学も不安の意識を語り始めた。実存主義は、私たちの根拠のなさを不条理の情感としてかき立ててきた。現象学を唱えたエトムント・フッサール（一八五九―一九三八）は、ヨーロッパ諸学の危機を論じ、西洋近代の理念がなし崩しになることをおそれ、純粋な哲学への（不毛であるかもしれない）回帰を求めた。クルト・ゲーデル（一九〇六―七八）やゲオルク・カントール（一八四五―一九一八）は、西洋的理性の中心である数学や論理学の内部において、基礎づけの破綻《はたん》を見いだした。アルベルト・アインシュタイン（一八七九―一九五五）以降の物理学は、一七世紀以来のニュートン・パラダイム（アイザック・ニュートン〔一六四二―一七二七〕に代表される思考の枠組みによって科学の操作が想定される時代）を崩して、物質の存在に関するこれまでの信念を壊していく。二〇世紀の政治システムは、さしあたりは封建的・宗教的・非民主的な政治形態に対する批判を繰り返せば自分は正義であると開き直れたが、その尖端《せんたん》であった社会主義システムは、戯画のように自らが旧来の権威に回収されて崩れ去ってしまっている、等々。すべてが根拠のない宙づりのなかで空疎に立ちどまっている。そして多くのひとはこの空疎さを抱え込んでいる。誰もが、問いが解けないことに直面して困惑している。

ところが、問題が解けないという事情は、二〇世紀の終わりになって、むしろ質を変えながら先鋭化されてきたようにみえる。いい方をかえよう。二〇世紀のはじめには、根拠がないという主張は、失われた基盤へのノスタルジーをかきたてるものであった。それは、根拠を確保していた近代への郷愁と、何も先に進めない停滞感との双方によって特徴づけられていた。しかし二〇世紀後半になって、事態ははっきりと動いている。そこでは、問いが解けないという焦燥感よりも、解けないからこそ、そこで新たに何ができるのかを模索するという前向きの賭《か》けがなされているようにみえる。

狭義のポストモダン社会、とりわけ七〇年代以降の後期資本主義社会は、根拠のなさを一種の産出力へと転化させていくことになる。つまり、フーコーがいう「人間の消滅」を、砂漠の空虚さとして捉えるのではなく、「人間」の枠組みを超えた別のパラダイムが生まれる現場として見直すこと、こうした課題が浮かび上がってくるのである。

情報と生命

ここで「情報」と「生命」という二つのキーワードをとりあげることは、不適切ではないだろう。「情報」と「生命」とは、似通ったかたちで、「人間」というパラダイムを超える向こう側をかいま見せてくれるからだ。

まず、情報にせよ、生命にせよ、それらは従来の「人間」に依拠するリアリティーとは明らかに異質の現実感を喚起する。哲学が、身体的な匿名性や間主観性〈自他の区分以前に、その両者が共に働いている状態〉、あるいは言語論的転回や記号論的転回〈意識や主体に対する、言語や記号の先行性や優位をとく主張〉といったスローガンを振りかざし、こむずかしく論じたてていた事柄は、現在の情報空間のなかでは、むしろ感覚的にあたりまえですらある。情報のネットのなかで漂うだけの、あるいはそこで間断なく構成されて解体される自己とは、近代的な主体の規準をはるかに外れて、グニャリとその領域を延ばしたり縮めたり、内面が外界に反転したりして、自己の固有性を失いながら、かたちをさまざまに組み換えていく。

また、分子生物学・ゲノム解析・免疫・脳科学・進化論・人工生命といった生命科学にまつわるテーマ群が明らかにする生命の姿は、「人間」をはるかに超えて働く〈生命の力〉を、物質的な精緻《せいち》さとともに示してくる。これらの諸科学は、これまで神秘的なエネルギーとして漠然と処理されてきた〈生きる〉ということの内実を、柔軟性や戦略性をもちあわせた物質の働きそのものとして明らかにするのである。

情報と生命というこの二つの主題は、それぞれが「人間」という枠組みには収まりきらない内容をもっている。すなわち、この二つのテーマとは、それら自身が解けない問いなのである。しかしそれだけではない。より重要なことは、この二つのテーマが、解けないことを前に立ちすくむ問いではないということである。

情報とは、その錯綜《さくそう》のなかからも、何かを産出しつづけるものである。ネットワークは、終わりも始まりも中心も周縁もないがゆえに、決定不能のように宙づりにされるものであるが、そうではあれ、ネットワークは動き、機能し、予想もつかない展開をなし、〈私〉の内面なるものを外へとさらしていく。生命とは、矛盾に行きあたっても、予見しえない状況に直面しても、それですべてが終わりはしない。生命は、そこに含まれる多様な力を駆使し、自分の身体を（遺伝子や免疫や脳の機能を）、柔軟に変容させながら生きながらえていく。生命とはいつであれ、解けない問いを生きつづけていく、想定不能な繁殖力に溢《あふ》れているのである。

さらにこの二つの主題は、新たな技術の革新が伴うことでも共通している。ヴァーチャル・リアリティーを利用するメディアがおこなう、いとも簡単な〈こころ〉の操縦と、遺伝子や生命体への工学的介入が提示する、斬新きわまりない〈いのち〉の操作。こうした技術の革新をたきつけることは、解けない問いであるこれらのテーマ系の本質なのかもしれない。こうした技術の進展は、それらが〈不気味なもの〉(=〈非-人間的〉なもの)と感じられれば感じられるほど、「人間」の枠組みから離れ、それによってリアルに現実を指し示すものであることを強く証《あか》すことになるだろう。そして、この二つの技術の行く先を直感的に嫌悪しても、それはノスタルジーに回帰する反動的な言葉にしかならないはずだ。そうした後ろ向きな言葉は、これらの技術が提起する具体的問題を解決することからも、実際には遠のいていくだろう。

では、どうすればよいのか。考えるべきことは、「人間」を超えたこのリアリティーを、「人間」の場面にいたずらに回帰させることなく原理的に捉えること、そしてそこで明らかにされる諸技術のあり方や拡がりに応じた行動の様式や倫理を生みだしていくこと、これらではないか。しかしそのためには、まさにこの時代に敏感で、しかもたんに時代に流されるだけではない、哲学の言葉が必要なのではないか。

ドゥルーズの思考

そこでドゥルーズである。ドゥルーズは、こうした時代の流れに深く対応しながら思考を展開した希有《けう》な哲学者である。ドゥルーズの思考の本質は、先に述べた、情報と生命という二つのテーマのなかでは、とりわけ生命と結びつくだろう（情報系とは別の方向にドゥルーズの思考が分類されることについては、ジャック・デリダ〔一九三〇―二〇〇四〕との対比を描く部分を参照されたい）。

ドゥルーズと〈生命〉に関していえば、最低限、次の三点を考慮しなければならない。

まず第一にドゥルーズは、はじめからはっきりと〈生命の哲学者〉である。それは、彼の思考の基本的なアイデア（差異・多様性・異質性・分化）が、アンリ・ベルクソン（一八五九―一九四一）という二〇世紀はじめに活躍した思想家の、〈生の哲学〉（認識や真理というよりも、衝動や情動の側から世界のリアリティーや成り立ちを捉えていく発想）の議論を受け継ぐことによって形成されていることからもわかる。しかし、それにもまして重要なのは、ドゥルーズがベルクソンから、生成を思考するという課題の、その本質性と困難さとを引き受けていることにある。

生の哲学者ベルクソンにとって、生命の核心をなす問題とは、なぜつねに新たなものが、それを支える別の世界（哲学的にいえば、超越論的な領域）に依存することなく、新しさそのものとして現れうるのかを考えることにあった。こうした新しさが産出されてくる現場こそが、ベルクソンにとってリアルな実在であった。

それは、そのまま時間の問いであり、生命の問いであるといってもよい。ベルクソンは、感覚や自由、記憶や身体、道徳や宗教という諸主題を論じながら、新しさのリアリティーについてさまざまに論じたが、その行く先には、いつも生命とその進化という具体例があった。ドゥルーズの生成の存在論は、こうした発想も問題系も、ベルクソンから直接的に受け継いでいる。

第二に、ベルクソンが当時の進化論や相対性理論に大きな興味をもって、自身の〈生の哲学〉の題材にしたのと同じように、ドゥルーズは、彼自身の時代の科学の状況にきわめて鋭敏な感覚をもって接していた。そして、ドゥルーズにとって（ドゥルーズの時代にとって）、科学の代表とは、何よりも分子生物学に代表され、それ以降に爆発的な発展を遂げている生命の諸科学であった。

ドゥルーズが、存在のポテンシャリティー（潜在力）を論じるときには、いつも発生生物学の提示する卵細胞のモデル――それ自身は未分化な素材（マティリアル）であるが、潜在的な力に溢れ、その錯綜をバネにさまざまな展開がなしうるモデル――に注意を払っている。ドゥルーズ後期の仕事である、『哲学とは何か』でも『シネマ』でも、議論の根幹のような部分で、脳神経系ネットワークやカオスというテーマがもちだされている。とりわけ『哲学とは何か』の論述には、自己組織化論やオートポイエーシス（物理－生物的な経験科学に基づきながら、秩序の多様な生成を思考する議論）の影が見てとれる。

また『フーコー』の最後の部分、まさに「超人」に言及する場面で、ドゥルーズは生物学から分子生物学への展開を積極的に評価し、これまでの生のかたちを超えたシリコンでできた生命体に触れている。それはそのまま、コンピューター・シミュレーションとして提示される人工生命の議論にかさなるともいえる。ドゥルーズはいつも、それ自身が潜在的な力であり、そうした力が具体的に発揮されるモデルでもある生命を、思考の具体的な範型として視野に入れている。生命についての知見をたどることから、自己の思考を掘り下げていくのである。

第三に、ドゥルーズが生命科学に着目したのは、たんにそれがドゥルーズと同時代的な潮流だったからではない。むしろ、分子生物学以降の生命科学が明らかにする内容が、生成を論じるドゥルーズの思考と共振するのである。現状科学が指し示す生命の姿が、根拠をもたない生成を思考しぬくという、ドゥルーズのテーマに対応するのである。

いまや生命に関する知は、実証的あるいは実験的な成果を引き受け、理論的に問いつめることにより、従来の自然科学が想定してきた強固な決定論を払拭《ふっしょく》しつつある。これまでの要素還元主義では対処しきれない、かといってそのアンチテーゼのようなホーリズム（有機的な全体論）には回収されえない議論が、つまりカオス・内部観測・複雑系などの諸理論が、まさに現時点で生みだされつつある。それは、こうした諸科学が声を大きく主張しているように、世界観の根本的な転回に結びつくものだろう。

自然を捉える科学は、もはや絶対的な真理がどこかに（自然を分割して見いだされる要素に、あるいは自然が包み込まれる全体に）書き込まれているとは考えない。むしろ、そのつど部分的に生まれては壊れていき、予測不可能な動きをなし、状況に応じてローカルかつ戦略的に自己組織化を遂げる生命という視角から、この世界に切り込む知のあり方を見いだしつつある。それは、根拠なき生成の論理を探るという、ドゥルーズの試みとただちに連動する。生命科学とドゥルーズとは、こうした側面からみても同時代的な思考なのである。

ドゥルーズとこの時代

この本で描きたいドゥルーズの姿は、だいぶ明確になってきただろう。まず考えるべきは、この時代とは、解けない問いに直面して何ができるのかを考える時代であることである。ついでそれが、解けない問いをまえに立ちどまることなく、むしろ解けないことについての実践をなしつづけ、そこで現れてきてしまう新たなテクノロジーを、積極的かつ前向きに捉える必要に迫られている場面だということである。そしてドゥルーズは、フーコー的にいえば「人間」という基準が消滅したこれらの状況を、〈生の哲学〉という哲学史的系譜を踏まえつつ、なおかつ現状科学（現状社会）とのリンクをも視野に入れながら描きだそうとする。つまり、いまを生きる理論的可能性、倫理的可能性を言葉にしようとするのである。

もちろんドゥルーズを読んだからといって、こうした時代の問いに最終的な解決が与えられることはない。しかしドゥルーズの思考が、この時代から先に何かを生みだしていく積極的な試みの一つであることには間違いがない。この試みの行方をたどること、いま必要とされる哲学とは、これ以外の何でありうるだろうか。

II 世界とは解けない問いである——ドゥルーズの〈哲学〉素描

世界とは卵（ラン）である

ドゥルーズは世界をどのように捉えていたのか。ドゥルーズの考える生成する世界を、ひとことで表現すればどうなるのか。

ドゥルーズの捉える世界のイメージにもっとも近いものは、卵（ラン）である。表面的には均質的にもみえる卵の内部は、さまざまな分化に向かう力線に溢れている。しかし、どろりとした流体でしかない卵は、それが何になるのかが、あらかじめすっかり決定されているわけではない。それは、どの位置をしめるのか、いつ細胞分裂が始まるのか、とりまく環境はどうなのか、これらによってさまざまな揺らぎを含みながら、かたちをなしていく。多様なかたちをとるために、それ自身はかたちをなしていない力のかたまり、それが卵である。

このイメージは、ドゥルーズにとって、世界の原型といえるものである。世界とは卵である。そこで世界を記述するとは、未分化な卵とその分化のシステムを描きだすことである。そして世界を生きるとは、卵の未決定性を生き抜いていくことである。何にでもなりうるが、しかし安住すべき拠点もすっかり定められた目的もない、そうした生成でありつづけることである。

こうした卵のあり方を、形式的に記述すれば、潜在的な多様体と表現できるだろう。だから、ドゥルーズの哲学とは、潜在的な多様体として描かれる、この世界を論じるものである。こうしたモデルを考えることで、ドゥルーズは生成の議論を繰り拡げていく。

もちろん、世界を潜在的な多様体と規定するためには、いくつかの注釈が必要である。そこで利用される多様性や潜在性とは何を意味しているのか、まずはこれを考えなければならない。

生成する流れの論理

それらを理解する鍵《かぎ》は、二つあるとおもう。

ひとつは、多様体の議論は、生成を否定性によって捉えることなく、それをあくまでもポジティヴに（＝積極的な仕方で）描くものだということである。そしてもうひとつは、潜在性とは、どこかにあらかじめ生成のたどるルートを書き込んでしまう、可能性の論理を退けるものだということである。ドゥルーズが利用する潜在性も多様性も、もともとはベルクソンがリアルな流れを記述するために導入した言葉である。それらを否定性や可能性と対比させながら描く姿勢も、ベルクソンを引き継ぐものである。

では、潜在的な多様体が、否定性にも可能性にもかかわらないということは、どのようなことなのだろうか。ベルクソンに即して見ていこう。

生成とは、新たなものが生みだされていく流れである。流れをそのまま捉えようとするならば、それは分断されてはならない。なぜならばそのときに、流れはすでに流れでなくなるからである。ここで重要なのは、流れが流れではない何かから構成されている、という論理をもち込まないことである。それはどのようになしうるのか。

ベルクソンはこう考える。まず流れを分断できるという発想は、流れが等質的な単位に区分可能であり、なおかつこうした単位を見いだすことにより、いっそう正確に記述できることを前提にしている。つまり流れとは、分断された基本単位の側から再構成できると考えられるのである。だが、そこでは流れは、否定的なあり方にさらされてしまう。これでは、流れのなかの流れない単位が存在の原型であり、流れはその劣った姿であるとみなされかねない。

ベルクソンは、単位の集積から流れを再構成するこうした発想とは、時間を単位の連鎖に解消する、量に基づいた思考であると批判する。そこでは時間の予測可能な展開と、それに依拠した決定論的な世界の理解が、幅をきかせることになる（たとえば、卵の分化を、そこに組み込まれたプログラムがカチカチと展開されることだと考えるように）。しかしそれでは、新たなものが発生してくる、生成にまつわる事情はとり逃される。つまり流れのリアルさを形成する、その質的な側面が、議論からこぼれ落ちてしまうことになる。

ベルクソンは、流れをあくまでも肯定的に捉えていく。だから、流れを等質的な単位に解消し、そこから流れを再構成するような、生成の否定的な理解をとるわけにはいかない。そこでもちだされてくるのが、異質性に基づく多様体の論理である。

異質的な連続性

そもそも等質的な単位とは、相互外在的なもの、つまりバラバラにしても同一であると把握できるような何かである（ベルクソンは、それを空間的な思考に基づくものという）。しかし流れとは、それを形成する要素が分解不可能な仕方で溶けあい、連鎖するような連続性のことである。いい方をかえれば流れとは、分解してしまえば質を変え、別のものになるという意味で、分離不可能なものである（それはベルクソンにとって、時間的なものを指し示す）。

これについての単純な例は、メロディーであるだろう。メロディーのリアルさは、それを構成する個々の単位に分割すると消滅してしまう。切り離されたメロディーの諸部分は、もはやメロディーといえるものではない。メロディーは、多数の項が連関した、分解不可能なものであってこそ、流れとして捉えられる。メロディーは、さまざまな要素が密接に結びついた連続性として、はじめて正確に記述できるのである。

こうした連続性とは、〈異質的なものの連続性〉である。一見して矛盾するようなこの表現が、ベルクソン－ドゥルーズの多様体を理解するための最初の鍵をなしている。

分解されるものとは等質的なものである。等質的なものは、ひたすら外在的に分割されるだけであり、流れを形成するものではない（むしろ流れを止めてしまうものである）。等質性は、空間の原理なのである。

これに対し、リアルな流れを形成するものは、異質性に充《み》ちたものである。それは分割されると質を変え、多様なものが溶けあったあり方をとる。異質的な連続性、つまりベルクソンにとって空間化できない時間の姿、それが流れを肯定的に描くために必要とされる。生成する卵である世界は、まずは異質的なものの連続性として描かれなければならない。

そして、こうした異質的な連続性にとって、潜在性というあり方がきわめて大切なものと語られる。相互に分割できない絡みあいである異質性は、潜在的に存立する。では潜在性とは、どう規定されるのか。

可能性ではない潜在性

ここで可能性との対比が述べられなければならない。つまり、流れを構成する潜在性を、可能性のあり方と混同しないことが重要である。

流れを可能性によって捉えるとは、どのようなことだろうか。

それは、流れが展開する下図《したず》がどこかに描かれていて、流れるとは、こうした下図にしたがって何かが現れてくるプロセスであるとみなすことだろう。たとえば、分化する卵細胞の中には、展開するすべてがあらかじめ含まれていて、時間的な流れとは、そこに描かれている何かが姿を現すことであるという発想（発生や進化を、入れ子細工の展開のモデルで考えてしまう発想）は、まさに可能性の議論に依拠している。そこで可能的なものが複数あって、実現にさいしては複数の選択肢が介在するという論法もある。しかし、それは可能性の議論を原理的に変更するものではない（むしろ選択肢の幅を考慮することが、可能性に関連する着想としては、通常であるだろう）。

だがこうした可能性の論理をとると、新たなものを産出するという流れの側面が見失われてしまう。ベルクソン－ドゥルーズが述べる潜在性とは、こうした可能性の論理とは、まったく異なったものである。可能性がどれほど複数的に設定されていても、それは最終的にこの世界が、流れとは別の場面ですでに（複数的ではあれ）決定されていることを意味している。これに対して、力の潜在性とは、本質的に未決定的なものである。未決定であるから、流れのリアリティーが産出されうることを理解しなければならない。

別のいい方をしよう。可能的なものは、あらかじめそれが何であるかを描きだしうるものである。つまりそれは、すっかり現実化されたものとして、目の前に指し示すことができるものである。しかし、このように描かれる現実的なものとは、実際には生成の現場をあとから振り返って、はじめてとりだされるものではないか。つまり現実が流れ去ったのちに、それを回顧することによってしか見いだされえないのではないか。

だから、そうした可能性とは、むしろ流れにとって二次的なものにすぎないだろう。そこで可能性を生成の下図とみなしてしまうことは、ある種の転倒を意味することになる。これに対して、潜在的なものとは（メロディーの例からも明らかなように）、個々の要素を現実化させてしまえば、むしろその資格を失うものである。潜在的なものは、あらかじめ何であるかを描きだすことのできないもの、いいかえれば、現実化させてしまえばそのあり方が変容してしまうもののことである。流れの潜在性とは、こうした仕方で、新たなものの産出を描くと論じられる。

潜在的な多様体である生成する流れは、まずは可能性や否定性には依拠しないものとして描きだされた。ついで、こうした世界とは、どのように捉えられるのか、そうした記述の方法論を考えてみよう［註1］。

1　世界はどのように捉えられるのか

ここでは、卵である世界を記述するためには（ようするにドゥルーズの哲学ができあがるためには）、そうした世界をどのように捉えなければならないのかという方法論的な議論を中心に考えたい。そのためには、哲学史的な概念とドゥルーズの議論とのつながりや、そのなかでのいくつかの現代思想とドゥルーズとのかかわりを、簡素にではあれ描くことが必要になるだろう。

［1］流れをそのままにつかまえること――理念と内在

ポストモダンの哲学者としては意外であるかもしれないが、ドゥルーズが議論のなかで、「理念」と「内在」という言葉に積極的な価値を与えていることは目を引く。ポストモダンの哲学では聴きなれない、むしろ思想史の伝統に即したこれらの言葉を重視することは、異様な感すら与えるだろう。

ところが、「理念」的なものを論じ、また「内在」的な立場をとりつづけることは、ドゥルーズの議論を展開するために、実際には必要不可欠なのである。卵としての生成する世界を描ききるための方法論が、「理念」と「内在」という、いささか大時代的な舞台装置をもちだすことと、かさなりあうのである。

ドゥルーズがこれらの言葉を使う違和感から考えてみる。

ドゥルーズがもちいている「理念」という術語は、はっきりとカントに由来する。しかし、イデアとも観念とも翻訳可能なこの言葉は、現代思想にとって、微妙な含みをもつだろう。理念とは、常識的には、リアルな何かと対比させて描かれる永遠の真理の場面を、つまりは問いの解答が書き込まれた特権的な領域を示している。だが、ドゥルーズの思考とは、こうした特権的な場面を壊しながら、すべてをリアルな流れのなかに解消させるものではないか。

「内在」についても、同様である。内在とは、これも普通には、精神的なもの、意識的なもの、主観的なものへの内在を想像させがちな、伝統的な哲学の言葉であるからだ。ところが、現代思想はいつも不毛な内面の外部にでて、閉塞《へいそく》した主観を打破するものではなかったか。それは、特権的であるが自己充足的な内部なるものを崩しながら、別のリアリティーの位相を探るものではないのか。しかしドゥルーズは、死の直前に発表された原稿においてすらも（むしろ、生涯の終わりに近づくとよりはっきりと）内在の立場をうちだしていく。

「理念」や「内在」という、一見きわめて反－現代思想的な言葉を利用することで、ドゥルーズが描きたいこととは何だったのか。

それは実は明瞭《めいりよう》であるとおもう。ドゥルーズはこれらの言葉によって、流れとしての生成の姿を、つまり何か新たなものが生まれてくるポイエーシス（創造）の現場を、それを支える基盤も根拠もなく描こうとするのである。卵の生成に、自らを支える拠点もなく、真っ向から飛び込んでいこうとするのである。それはどういうことか。

かたちなき生成

生成とは何だろうか。未分化な卵が果たす生とは何だろうか。

私はそれを、〈かたち〉なき場面に〈かたち〉が生じてくるような、つまり〈すがた〉なき世界から〈すがた〉が現れてくるような、力のみなぎる場面であると描きたい。ドゥルーズにとって、まずもってリアルであることとは、卵から何かが生じてくるような、新しさの生成の現場なのである。

だが、〈かたち〉を生みだす生成の働きを、〈かたち〉によって記述することは、はじめから不可能である。なぜならば、〈かたち〉が見いだせるのは、すでに何かが生成したあとで、そうした場面を後ろ向きにたどり返してのことでしかないからだ。つまり、〈かたち〉を生みだす力の働きそのものは、〈かたち〉という仕方では表現できないからだ。〈かたち〉は力の暫定的な結果としてしか与えられえない。だから、力が未決定的にうごめき、ある〈かたち〉へ向かって集約されていく過程は、結果である〈かたち〉の側からはとりおさえられないのである。

ところで感性的なもの(=目に見えて、手に触れうるもの)は、必ず〈かたち〉をもっている。なぜなのか。ドゥルーズの考えをパラフレーズするならば、こういえるだろう。すなわち、感性的なもの(=見えるもの)は、いつも現在においてあるからなのである。

時間は否応なく流れていくが、流れていく時間のなかで、私たちは、ある現在において、さまざまに揺らぐ流れに暫定的に断面を与えて、特定の〈かたち〉を描かないわけにはいかない。現在とは、時間が流れ、世界が成立していくなかで、いったんその流れを停止し、生成に〈かたち〉を付していく断面＝瞬間のことである。

しかし流れである生成は、こうした断面としての現在へと回収されることはない。流れはいつも分割されることなく流れ去り、新しさに向かっていく。それは、すでに〈かたち〉をとった現在の側から語ることはできないのである。だから暫定的な解決の側が、未解決の流れを包括することはできない。生成とは、現在にとって、いつも自身を壊していく隙間《すきま》のようにしか描けないだろう。ドゥルーズにとってリアルな現場とは、こうした生成としての流れなのである。

〈かたち〉を突き動かし生みだしていく、しかしそれ自身は〈かたち〉になりえない力。現在という決定された瞬間を逃れさる、未決定的なものである流れ。こうしたあり方を、ドゥルーズは、「現実的」（＝現在という断片にかかわる、〈かたち〉あるもの）ということと対比させながら、流れそのものを示す「実在的」なもの（＝生成にかかわる、〈かたち〉以前のもの）と記述する。そして、ドゥルーズが「理念的」という言葉で表現したかったことは、こうした、〈かたち〉にならず新しさを生みだしていく、リアルな力の働きの場面のこと（潜在的に実在的であるもののこと）なのである。

理念と内在の意味

ではなぜこの領域が「理念」的といわれるのか。

ここでのドゥルーズは、カントの言葉づかいを巧妙に引き継いでいる。カントは感性的な直観（＝見えるものを捉える能力）も、悟性的な理解（それが何であるかを把握する能力）も届きえない、それを超えた理性の領域に理念を設定していくが、ドゥルーズはそうした表現を捉えなおしていく。

生成や流れとは、見えるものであるこの世界をつくりあげる、見えないものである。それは〈かたち〉として感性化されることはない。生成とは、新しいものの出現である以上、それが何であるかを理解すること（＝悟性によって把握すること）をも超えてしまう。だけれども流れや生成は、この世界の成立を考えるときには、どうしようもなく考えなければならないものである。

この意味で、生成や流れとは、「理念」的なものである。「理念」的であるということによって、ドゥルーズは、感覚的な把握によっても理解によってもつかまえられない、卵の未分化なあり方に言葉を与えようとしている。

ここで「内在」についても、同様に考えるべきだろう。内在ということでいいあらわされている言葉のニュアンスは、むしろ伝統的な哲学とは逆を向いている。

ドゥルーズが「内在」という姿勢を強調するのは、意識への内在や主観への内在を述べたいからではない。あらかじめ決まりきった真理の領域があって、哲学の言葉を保証するために、世界をそこに閉じこめたいからではない。むしろドゥルーズが描きたいことは、生成する流れそのものへの内在なのである。

だからドゥルーズの論じる「内在」とは、むしろ主観の枠組みの外へと、自己の身を投げだす働きであるともいえる。想定された根拠を捨て去って（そうした視界に立つことを放棄して）、いずこへとも知れず流れていく生成に、内側に入り込みながら言葉を紡いでいくこと。流れの外部に立つことはありえないことを前提に、自らもそれであるような流れを、あくまでも内から記述する議論であること。

「理念」的で「内在」的な哲学というドゥルーズの発想が何を示すのか、おおよそこれで明らかになっただろう。これらの表現はむしろ、流れを中断することなく生成そのものへと飛び込み、そこで見いだされる流れを語る方法論に直結するのである。それは、〈かたち〉あるこの世界のなりたちを探るために、〈かたち〉を生みだす見えない力へと、われわれの視線の向きをかえる指標なのである。

［2］定点をもたないこと——現象学的ではないドゥルーズ

〈かたち〉にはなりえない、見ることも触れることもできない力の流れに直接入り込むドゥルーズの方法論を、さらに論じていくならばどうすればよいのか。

ここで生成に入り込む仕方を、どのように描くのかが問題になる。そのさいに、ドゥルーズが、〈無限の速度での俯瞰《ふかん》〉という、いささか訳のわからない表現で提示しようとしていることは、ひとつの鍵になるとおもう。

〈無限の速度での俯瞰〉、それは流れを捉えるさいに、現在という定点をもちえないし、そこに依拠することもできないが、流れは分割できないために、われわれはある意味で流れすべてに一気に入り込まざるをえない、という事柄を述べようとするものである。こうした言い回しは、『哲学とは何か』で現れるものであるが、そこに込められている発想は、ドゥルーズの思考すべてにおいて揺るぎがない。

ここでいささか迂回《うかい》的ではあるが、現象学という、二〇世紀において大きな役割を演じた思考との対比によって、ドゥルーズの姿勢を浮き上がらせたい。

というのも現象学とは、現在という定点にこだわりつづけることによって、現代という危機の時代を乗り越えようとした、典型的な発想であるからだ。これに対してドゥルーズは、似通った時代の雰囲気を引き受けつつも、しかし定点に依拠することをあっけなく退けながら、生成への視界をひらいていくからだ。

現象学と定点の探求

現象学とは何であろうか。

現象学とは、フッサールに始まり、さまざまな方向に分岐していった、二〇世紀思想のひとつの潮流である。それは、〈事象そのものへ〉というスローガンを掲げ、事実をありのままに記述する企てとして、大きなまとまりをなしている。ところで〈事象そのもの〉への帰還をめざすこの学には、どれにもはじめから、一種の危機の意識がつきまとっていた。

数学や論理学の基礎づけという問題から出発し、知が根づく生活世界という地盤を見いだしていくフッサール。ギリシア以来の伝統的な存在論の潮流に現象学の試みを結びつけていくマルティン・ハイデガー(一八八九―一九七六)。独自の身体論を展開し、生ける身体をとりだしていくモーリス・メルロ=ポンティ(一九〇八―六一)。彼らは、探求の対象は異なるが、根拠の喪失という状況を前にして、われわれが生きる根源的な場面をとり戻すという、同様の方向性をそなえていた。

生ける現在や生活世界へ（フッサール）、住み着く大地へ（ハイデガー）、働きつつある身体性へ（メルロ＝ポンティ）という試みは、失われた根源の回復という目的を共有している。この意味で現象学とは、思考の地盤が失われ、問いが解けなくなったこの時代の不安を引き受ける、ひとつの仕方であるだろう。こうした点で現象学は、ポストモダンの問題関心を先取りするような役割を果たしてもいる。

ところでドゥルーズは、総じて現象学には批判的な姿勢をもちつづけていた。それは、形式的にいえば、現象学が〈意識の哲学〉の流れを引き継いでいることにかかわっている。それに対してドゥルーズは、ベルクソン的な〈自然の哲学〉という系譜を自覚的にたどるのである。〈意識の哲学〉は、世界を捉えるときに、世界を正しく認識する意識のあり方から検討をはじめるだろう。しかし〈自然の哲学〉の系譜は、世界を認識する意識もはじめからそこに含まれる、自然の生成力に論点を置いていく。

そこで具体的に問われるのは、現在にまつわる態度決定である。現在を、何かを語る拠点となしうるのかについての姿勢が、この両者を決定的に分かつことになる。

不安の意識にさいなまれ、根拠を求める現象学が目指したことは、世界と自己（意識）とが実質的に触れあう定点を回復することであった。現象学の探求すべてが、こうした、生き生きとした基盤の取り戻しという衝動にとりつかれている。

たとえばフッサールは、〈生ける現在〉の探求を中心に据えていく。生き生きしたいまという一点こそが、世界を意識につなぐリアルな局面であるからだ。ハイデガーやメルロ＝ポンティでは、フッサールの述べる〈意識の現在〉の先鋭性は希薄になるともいえる。ハイデガーは、世界という場所のなかに置かれた現存在というあり方を重視する。メルロ＝ポンティは、有機的な諸連関としての身体の働きを主題化する。しかしそこで描かれるものが、現存在が住み着く大地、あるいは私を世界につなぐ身体であるならば、これらの企ては、世界に触れる定点を探るというフッサールの枠組みからさしてはずれてはいない。

ところがドゥルーズは、意識が世界に接する定点を探ったり、主体が世界に根づくあり方を掘り下げたりするような考察をすべて退ける。いいかえれば、現在にリアルさの根拠（〈生ける現在〉）を見いだしたり、現在が含む拡がり（私が住まう大地、私が有機的に結びつく身体－環境的連関）を主題化することがまったくないのである。

無限の速度での俯瞰

それはドゥルーズが、「俯瞰」という言葉を独特のニュアンスで使うことからもわかる。『哲学とは何か』のなかでドゥルーズは、世界を無限の速度で駆けめぐり、そのすべてを一望に収める俯瞰というあり方を、独自の仕方で描いていく。場の総体をめくるめくように俯瞰することが、ドゥルーズの哲学のヴィジョンと一致する。それは何を意味するのか。「俯瞰」とは、拠点を求める現象学が、とりわけ身体の世界への根づきを重視するメルロ＝ポンティが、厳しく批判してきた態度である。俯瞰への批判は、おおよそ以下のようである。

すなわち、リアルな現実に触れるには、触れるための視点が必要である。そうした視点から世界を見ることが、その見方のリアルさを保証する。ところが科学や観念的な哲学は、こうした視点を無視し、あたかも世界すべてを見渡せるかのような論じ方をしてしまう。それは神の視線をもち込むような俯瞰＝上空飛行であるだろう。しかし本当はこういう視線はありえないし、そこで獲得される像も、さまざまな視点から描かれた断片によって構成される仮のものにすぎない。だから俯瞰によって世界を見ることからは、リアルな世界には届かない。

だがドゥルーズは、これらの議論を承知したうえで、あえて俯瞰の立場を捉えなおしていく。どうしてなのか。

ドゥルーズ－ベルクソンの思考もまた、流れそのものに入り込む思考である。だから、流れを上空から（流れにかかわらずに）見下ろしながら捉えることについては、はっきりと反対の立場をとるだろう。何よりも重要なのは、流れに内在することなのだから。

しかし同時に、彼らの思考では、流れのなかに入り込む自己の視線を、それ自身も特権的なものとして設定しないことが必要になる。自らも流れのなかにありながら、生成の潜在的なつながりすべてをつかまえなければならないのである。

現象学がなすように、現在というひとつの視点から流れを記述すると、そこで設定される定点が現れを根拠化してしまう。するとそこでは、新しいものの生成を見てとることはできなくなる。ところがドゥルーズの述べる俯瞰とは、むしろ自己を根拠化する定点を設定することなしに、流れそのものに入り込むことなのである。まずは切り離されない流れにそっくり内在し、分割できない流れの潜在的な無限性（＝理念性）に即応することが、生成を見るためになされるべきなのである。

いい方をかえよう。視点がなければ世界を見られないというのは、本当なのか。無限の俯瞰とは、視点からえられたものを積み重ねることによってしかありえない、というのは本当なのか。

視点なき世界と生成

私は動き成長する。私は無限に流れへとひらかれている。そこで私は流れに内在している。内在していることを自覚するときに、私は私をとりまくさまざまなもののあいだで、私の位置を限定し、かくして私が何であるかを知る。そのときに私とは、流れとしての世界に触れる現在＝根拠のようなものではない。なぜならば、流れから切りだされる私は、流れに先立って存在しはしないからだ。そして流れに内在するというとき、その流れは、原理的に無限の拡がりをもち、それゆえに未決定的なものでもあるからだ。

つまり、流れのなかに内在しながら自己の動きを決定していくこととは、無限に拡がる世界の姿を俯瞰しながら、一種の跳躍のような賭けをなしていくことである。自己の視点という定点を消し去って流れに内在することそのものが、ただちに無限の俯瞰をなすのである。

鳥が空を飛ぶときに、鳥は自己をとりまく世界を俯瞰しながら、そのなかで自己の視点とその動きを限定する。昆虫が密かな微動を感じるとき、微動の向こうの莫大《ばくだい》な世界をかぎとりながら俯瞰をなし、そこで自分の動きを統御する。世界に放りだされた遺伝子は、その遺伝子をとりまく莫大な過去と未来、そして無限に拡がる環境に探りを入れながら、遺伝子としての自己を組み換える。

私は、鳥は、昆虫は、遺伝子は、いつもこうした無限の流れに潜在的にさらされている。無限の流れに俯瞰しつつ入り込むことによって、それは新しさを生きている。私や鳥や昆虫や遺伝子という（流れの停止した）事態が成立し、視点がとりだされるのは、こうした無限の俯瞰を前提にしてのことでしかない。潜在的に流れの全体性に入り込んでいることを、あらかじめ想定してのことでしかない。

ドゥルーズは、現在という、リアルであることを保証する定点を探るのとは別の仕方で、生成のリアルに到《いた》ろうとする。それはフッサールの述べる、生き生きしたもの、あるべき絆《きずな》の、失われた起源の回復なのではない。ドゥルーズのいうリアルとは、むしろ新たなものが現れつづけることにさらされる、剝《む》きだしのなまのものである。知覚不可能なかたちで溢れでる、無限に拡がる世界のなまなましさをあらわにすることである。俯瞰とは、脱根拠的な世界への自己投入を意味するのである［註2］。

［3］視点のなさは不在を意味しない——デリダ的ではないドゥルーズ

俯瞰とは、定点が「ない」ことである。そのかぎりでこの言明は否定性を含んでいる。だがドゥルーズは、現在という定点を失い、流れのなかに内在していく事情を、そっくりそのまま肯定的に描いていく。定点がないことによって、流れの潜在性に溢れるように入り込むことを、まったくポジティヴなものとして捉えるのである。それはどのように記述されるのか。

ここでデリダの思考との対比が意味をなすだろう。というのも、ドゥルーズとデリダは、ともに、現象学的な思考が取り戻そうとした定点の不在という事態に立ち向かいながら、議論をまったく逆の方向に引っ張っていくからである。

デリダとドゥルーズは、フランスのポストモダンを代表する二人の重要な思想家である。だから時代への対応を考えたときに、この二人の議論が多くの場面で似通っていても、それは不思議なことではない。ポストモダンのさまざまなスローガン——根拠の解体、差異の強調、多様性の擁護など——は、デリダもドゥルーズも共有する。ニーチェをはじめとして、論じるテクストも多くがかさなりあう。〈生ける現在〉を退けながら、それに依存するのとは異なった論じ方を見いだすこと。そうした基本的なスタンスも、両者においてきわどく接近している。

だがデリダとドゥルーズの主張は、実際には水と油のように対立している。ドゥルーズは、デリダが議論の軸にすえるような、〈到達できない他者〉という発想をもつことはない。デリダは間違っても、ドゥルーズ的な「理念」や「内在」を認めることはないだろう。それはどういうことか。あるいはどのような意味をもつのか。

デリダと不在の思考

デリダの主張を簡明にまとめてみよう。

デリダの思考は、現象学が、自らを脱根拠化するように展開していった、ひとつの典型であるだろう。デリダの議論のかなめは、現象学がよりどころとしていた〈生ける現在〉の不在をあばきたてることにある。それは、西洋形而上学そのものへの批判、エクリチュールの議論を中心に展開される記号論やメディア論、他者をめぐる正義や歓待の倫理学、ユダヤ神秘主義との連関など、きわめて広域的な主題を含んでいる。だが、それらの発想の源泉が、フッサール現象学の内からの突破にあることは間違いがない。

デリダは、現象学が見いだそうとした〈生ける現在〉を、あるいは現在がもつ拡がり（大地、調和的な身体）を、端的に〈不在〉であると断じていく。現在の純粋性は、現在でない何か（非現前的な情報としてのエクリチュール、あるいは私の意識に不在でしかありえない他者）にあらかじめ汚染されてしか示されえない。だから現在は根拠としては設定できないし、それに依拠した言葉はすべてはぐらかされていく。

とりわけ後期のデリダが、〈不在〉にまつわる思考を引き延ばし、到達不可能な他者の他者性を議論の中心にすえることは、現在における政治的思考のひとつの柱にもなっている。デリダは、無限の彼方にあるがゆえに、そこで切迫のように示される他者への歓待や正義を語りだす。つまりデリダの思考は、根拠の不在（「人間の消滅」）の時代において、しかし逆説的ながら、不在であるからこそ語られうる〈他であることの力〉を探り、ポストモダンのひとつの原理的な方向性を示すのである。

こうしたデリダの主張は、定点の〈不在〉を、その不在というあり方を引き立てながら議論を進める点に特徴がある。だから定点をとらないことによって、生成の流れに生《き》のままに立ち到るドゥルーズの思考とは、逆の方を向いている。

このようなドゥルーズとデリダの姿勢は、スローガンのように描くならば、ポジティヴィズムとネガティヴィズムと対置できるだろう。

ドゥルーズでは、〈生ける現在〉を溢れだす力をそのまま肯定し、そこにどのように内在するかが問題になる。俯瞰とは、流れの潜在的な無限性のなかに、あくまでも肯定的に入り込むことを意味している。デリダでは、〈生ける現在〉の不可能性を明らかにし、その純粋性を「外部」にさらしていく否定性が、主張のかなめになっている。定点そのもののありえなさが、エクリチュールや他者を軸とした議論の駆動力になっている［註3］。

解けない問いへの姿勢

したがって、解けない問いであるこの世界を巡る両者の態度も、対極的であるだろう。ドゥルーズでは、世界は解けないものであるために、新しいものの産出が肯定的に語られる。そこでは解けないために、予見不可能な生成の力が奔放に語り尽くされていく。デリダでは、解けないことは一種の迷宮を形成する。この世界は決定的な真理に到りえないために、そこでは極限のない彷徨《ほうこう》が描かれる。こうした彷徨において指針となりうるものは、絶対にそこには到達できない他者の姿と、その不在の力である。

私にはこの両者の方向性は、ヨーロッパ的な思考の二つの究極的なモデルではないかとすらおもえる。そしてポストモダンという狭い範囲に限定しても、この両者の差異は、二つの大きな探求の方針を示すだろう。それはどのようなことか。

デリダの戦略とは、記号や言語、あるいはそれらを媒介とした解釈という仕方で世界に切り込むときに、結局は踏みいらざるをえない方向ではないかとおもわれる。言語や記号によって世界を論じていくときに、世界は一義的に現れることはない。なぜならば、言語にはさまざまな解釈可能性が含まれるからだ。だから世界は、いつも複数の読まれ方を、どうしようもなくはらむからだ。そこでは、解釈を決定する現在はつねに不在であり、解釈の内容は、錯綜するエクリチュールの空間へと向かっていく。

私は先に、情報と生命とを、いまを考えるための二つの大きなテーマであると述べておいた。デリダの発想に深くかかわるのは、いうまでもなく情報の方である。主体という中心が解体され、どこから現れどこに到るのかも追跡できない仕方で錯綜し、見えない彼方からの(他者からの)呼びかけに応じつづけること(郵便であれ、電話であれ、メールであれ、コンピューターであれ)。こうした情報にまつわる現在的なイメージは、デリダの論脈にきわめて接近している(そこにはまた、宗教性のイメージも色濃く感じられる)。

その対比からみても、ドゥルーズは完全に生命系である。あくまでも唯物的で、(不在の)彼方の真理をも想定せず、無限の流れに内在しながら多様な接合をとげつづける生命のあり方が、そこでのモデルをなしている。ドゥルーズは、この世界の解けなさを、未決定的なポテンシャリティー(潜在力)であると捉えるが、それは、いつも新たなものの産出をあらわにするためである。それは、デリダ的な意味での不在も外部もいっさい認めないかたちで、生成の流れの無限性を、ひたすらポジティヴな力として描きつづける試みなのである。

[4]ポジティヴィストとしてのドゥルーズ――フーコーとの共振

ドゥルーズは徹底してポジティヴに解けない問いに立ち向かう。

解けないことに直面するこの時代において、ドゥルーズは、現象学のように、失われた基盤を回復させることはしない。そしてデリダのように、現在の不可能性をバネにして、到りえない彼方を語ることもしない。ドゥルーズにおいて未決定性とは、新たなものの産出を語るための、ポジティヴなテーマである。

こうしたドゥルーズの姿勢に共鳴するほとんど唯一の思想家は、フーコーであるだろう。フーコー自身、晩年に〈生-政治学〉としての権力論を描いていくなかで、生命系の知との交錯を実践していくが、彼の着想も原理も、つねにポジティヴであることに固執するものであった。

先にも述べたように、フーコーとドゥルーズの哲学に対する姿勢は一八〇度異なっているともいえる。系譜学的探求という言説の分析に執着するフーコーは、ドゥルーズのように哲学を生のままで語りだすことはない。しかしそうではあれ、この両者のあいだには、この世界をどう見るかに関して、深い共振が感じられる。

フーコーには、自身の方法論を示した『知の考古学』という著作があるが、ここで彼は、自ら「幸福なポジティヴィスト」と名のっている。ポジティヴとは、肯定的とも積極的とも、またより思想史的にいえば、実証的とも解釈しうる多義的な言葉である。しかし『知の考古学』でのこの表現には、独特な意味あいが強い。

フーコーは、エピステーメーという術語を導入して、歴史を連続的な単一体ではなく、断絶や転換に充ちたものと捉えていく。だからフーコーの思考は、たんなる相対主義的な歴史観として処理されてしまう可能性も大きい。つまり、正しいことは時代によってさまざまだから、何も本当とはいえないという程度の議論をしているとみなされかねない。だがフーコーは、自分をポジティヴィストと規定することによって、こうした相対主義的な読まれ方を拒絶しているようにみえる。それは多様性の哲学が、否定性の強い相対主義と混同されることなく、多様体をそのままに語るための方法論に向けた宣言のようにもおもえる。

ドゥルーズはこの点で、フーコーと方針を共有する。ポジティヴィズムとは、哲学が宗教的な彼方を求めたり、そこに帰着することもせずに、われわれ自身がそれである生成に即応するための、不可避的な選択なのではないか。

プルーストとカフカ

ドゥルーズも、自己の思考が否定性を原理としないことに、とても強いこだわりを示していた。たとえば、彼がマルセル・プルースト（一八七一—一九二二）やフランツ・カフカ（一八八三—一九二四）らの文学作品を読み解く仕方は注目に値する（『プルーストとシーニュ』や『カフカ』。『カフカ』はガタリとの共著）。

一般的にいえば、プルーストを論じることには、記憶とノスタルジーという発想が染み込んでいる。またカフカをとりあげることには、たどり着けない彷徨というイメージがまとわりついている。

プルーストを特徴づけるのは、何よりも『失われた時を求めて』での、印象的なマドレーヌの想起のシーンである。プルーストは、回復しえない過去への郷愁をかき立てる、ノスタルジックな小説家とおもわれがちだ。また、カフカのイメージをつくりあげるのは、『城』や『審判』における、茫漠《ぼうばく》とした待機と迂回の描写である。そこでは、けっして内容を知らされない超越的な法、全体像が描けない複雑なテクノクラートのシステム、目的も出口もわからずひたすら漂うしかない主人公の姿、これらが切迫した仕方で描かれていく。

しかしドゥルーズは、これらの一般的な読みを真っ向から崩していく。たとえば、プルースト論では、「マドレーヌ」という有名な主題の中心性が、つまり過去の想起を軸として『失われた時を求めて』を読み解くというストーリーが、冒頭からあっさりと退けられる。確かに、記憶のテーマは重要である（記憶という主題は、ベルクソン哲学の重要な主題でもあり、それはプルーストの発想と本質的に結びつく側面をもつだけに、簡単に切り捨てられうるものではない）。しかしドゥルーズは、記憶をも、失われた過去に埋め込むのではなく、未来に向けての創造という方向から論じていくのである。

またカフカ論でもドゥルーズは、「否定神学」や「不在の神学」、さらには「法の超越性」や「罪の内面性」といったテーマによってカフカを読むことをはっきりと避けていく。エディプス的なテーマにもつながるこれらが、カフカのテクストの多くの部分を占めることは無視しえない。しかしドゥルーズはこれらを、カフカ読解におけるもっとも「不快な」テーマ系であると断じてしまう（こうしたドゥルーズの議論を、デリダがカフカを扱った、『掟《おきて》の門前』を巡る否定神学的な読みと対比させることは、意味があるだろう）。

これらの議論からドゥルーズがとりだしたいことは、生産するテクストとしての文学機械という概念である。無数の仕方で解釈される、寓意《ぐうい》（＝アレゴリー）としてのテクストではなく、それ自身が生命のように機能しながら、偶然の出会いや結びつきを果たし、いくつもの徴候（＝シーニュ）を未来に向けてきらめかせていく、テクストの運動性の提示である。

ドゥルーズが、ノスタルジーや不在というテーマにもっとも結びつきやすい作家をとりあげ、自分の主題に軽妙につなげていく大胆さを、そこに見てとるべきだろう。ドゥルーズによるプルーストやカフカの読みは、伝統的に考えれば、かなり逸脱したものである。しかしこの逸脱が示す挑発によって、ドゥルーズの姿勢はかえって率直に表明されている。

まとめよう。ドゥルーズはポジティヴィストである。問いが解けないという状況において、現在という根拠への回帰も、不在としての超越への希求も描かない、徹底したポジテイヴィストである。解けないということが、ポジティヴに受けとめられるべきなのだ。解けないからこの世界は、新たなものの出会いと生成とに充ちている。解けないからこの世界は、自分という狭い視点を流しさり、あっさりと先に進む鮮烈さをはなっている。

ドゥルーズの思考とは、ポジティヴなかぎりで示されるわれわれの生のリアルさを、理論的にも倫理的にも追及していくものである。そうして、未分化である力、卵の力に溢れかえる、この世界のあり方を表現するものである。

2 世界とは何か

[1]問題としての世界

卵としての世界とは、異質性に充ちた、未決定的な力の場面であった。そのような力のあり方が、潜在的な多様体として描かれた。

ついでそうした世界の記述の方法が問われた。そこで論じられたことは、生成していく流れのなかに、自らをあらかじめの定点となすことなく入り込むことであった。それにより、生成そのものをポジティヴに描きだすことであった。

では、そのような方向で進められる、ドゥルーズの世界の記述とは、どのようなものであろうか。卵の潜在力を描き尽くすためには、そこにどのような内容が見てとられるべきなのか。

ドゥルーズは、こうした未決定の力を、基本的には〈差異化の運動〉として描いていく。ドゥルーズは、主著である『差異と反復』において、差異化の運動を微分とかさねあわせて議論を展開する（言語では、差異化〔différentiation〕と微分〔différentiel〕という二つの言葉は強く結びついている）。だが、差異化や微分をもちだすことの本質的な意味は、世界を「問題」として捉えることにある。それはどのようなことか。

「問題」とは、初期の著作である『ベルクソニズム』以来、生成としての世界を語るための中心的なテーマをなすものである。そこでドゥルーズは、ベルクソンの方法論を扱いながら、「問題を提起する」ことの大切さを述べている。

問題とは何であるのか。ドゥルーズは、問題とは解かれるものではなく、創造されるべきものであると述べる。

一般的には、問題とは解かれるべきものだろう。そうした発想は、問題の設定が、真偽という枠組みに深くかかわっていることを示している。しかしドゥルーズは、問題が真偽という枠組みにかかわるのは、社会的・教育的な偏見にすぎないという。問題を与える教師がいて、つまりは真偽とは何かが明確にされうる場面があって、そこで問題が与えられるという構図が、この発想では前提とされている。だが、こうした構図は、この世界のリアルさを考えるならば、ほとんど戯画的なものではないか。世界を問題と想定するならば、そこで問題の真偽を握っている特権的な人物は、実際には誰もいない。だから論じられるべきは、真偽の枠にとらわれて、正解を見いだすことが要求されるような問題についてではない。むしろ逆に、問題を提起することが、つまり、真偽がそれに従属するような問題を生みだすことが、ここで考えられるべき事柄なのである。

ドゥルーズは、この意味で歴史とは、問題を構成することの歴史であると論じていく。歴史とは正解を見いだしていく行為ではない。そうではなく、その都度さまざまな状況に立ち向かい、そこで適切な問題を設定することが、歴史における行為である。歴史が進展するならば、何らかの解答が与えられるだろう。しかしそのさい、ひとつの正解が設定されることはありえない。解かれ方は、実際にさまざまであるはずだ。実にさまざまであるという状況を踏まえながら模索しつづけること、これが歴史を生きることであるはずだ。

生命と問題

そしてドゥルーズは、歴史のみならず、生命の存在も、まさに問題の提起そのものであると述べていく。ベルクソンが『創造的進化』でとりあげ、ドゥルーズが『差異と反復』で引用する、生命体における眼の形成が、ここではわかりやすい例となるだろう。

生命体における眼とは、進化の見事な獲得物である。それは、進化の初期の段階で分岐した別の生命体においても、同じような構造が見いだせる不思議さを秘めてもいる。軟体動物と脊椎《せきつい》動物との眼は、その両者が分岐した時点では存在していなかった。それに、それぞれの眼は、発生において異なった部分を利用してもいる。にもかかわらず、両者の眼は、その精緻な細部においてもきわめて類似している。なぜなのか。

そもそも進化の過程で、眼がつくりだされるとはどういうことか。ドゥルーズ（ベルクソン）は、生命とは、問題を提起する能力と考える。眼をつくりだす生命の働きとは、光に対応するための問題の創造のことだというのである。そして、その問題に答えるために、生命はいろいろなかたちを模索する。できあがった眼は、問題に対するひとつの解答であるだろう。生命としての有機体とは、「問題の解答」である。しかし生きていくとは、あくまでも光を求めるという問題を提起しつづけることである。

だから、別種の進化の分岐において、異なった発生システムを利用しながら、似通った眼が生みだされるのは不思議なことではない。この両者が共有するのは、光を求めるという問題の設定である。解き方はそれぞれの生命体に応じてさまざまである。そして結果として現れてくる眼の類似性は、それらが置かれている状況の類似性の反映である。それらは、同質の環境において問題を解かなければならないために、結果として同じようなかたちを探りだすのである［註4］。

しかしここで考えるべきは、進化しつづける生命において、もっとも適切な眼は（問題への唯一の正解は）ありえないことである。つまり、光を求めるという問題の設定こそが、生命にとってリアルであることである。生命体はいつも、状況を見極めながら、さまざまな眼のあり方を模索する。それは場合によっては、これまで想像もしなかった力を引きだし、現在からみれば異様でしかない新たな眼の形態を生みだすかもしれない。だから与えられた解決（＝かたちとしての眼）は、いつも暫定的でしかありえない。生命の本質とは、できあがった器官＝眼にあるのではない。むしろ眼という問題を設定し、状況に応じて解答を与え、なおかつ問題を発しつづけていく、その力にこそあるのである。

理念と問題

これらの事情は、理念という発想とも結びつく。問題としての世界とは、理念のことでもある。それを、さらに論じてみよう。

すでに述べたように、ドゥルーズの理念という言葉は、カントの議論を引き継いでいる。そこで理念的なものとは、感性的なもの、悟性的なものと対比させて、これら二つの能力では捉えられない領域を指し示している。

感性的なものとは、かたちとして現れる何か、目で見て、手で触れられる何かである。それは問題にとって、ひとつの解答であるだろう。感性的なものは、直観に与えられる具体的な対象として、個別的なものであるといえる。

また悟性的なものとは、感性的に見いだされる経験における一般性を支えるものである。目で見て、手で触れられる対象が、一般的に〈何か〉であることは、悟性によって規定される。そこで悟性的なものとは、われわれの経験が一般的であることの根拠をなすだろう。それは、問題と結びつけるならば、真偽を語りうる枠組みのことであるといえる。

ところがカントは、こうした感性や悟性を超えた位相に理念を位置づける。それは感性的でも悟性的でもない、つまり個別的でも一般的でもない、経験の外にある何かを指し示している。

この意味で理念とは、解けない問題であるだろう。実際にカントがあげている理念の例は、決して経験に与えられず、経験においては解答がえられることもないが、経験の成立を考えるときには、不可避的に要請されてしまう何かである（神・自我・世界）。しかしこうした解けない問題とは、偽の問題でも抽象的な問題でもない。それは感性的、悟性的な現実を、直接的に規定するのではないが、それらが存在し、それらが何であるかを考えつめるときに欠かすことのできない、経験を超えたものである。理念とはこの意味で、普遍性をもつと語られる。

さてドゥルーズは、こうした構図を換骨奪胎するように捉えなおす。ドゥルーズにとってカントの思考は、いまだ生成を扱うものになりえてはいない。ドゥルーズにとって、理念という未規定なものは、むしろ経験や知覚の見えない隙間として捉えられなければならない。理念という未規定的なものは、経験に与えられる個別性も一般性も超えた、それらには解消できない、うごめく何かの生成に触れるためのものである。つまり、「問題そのもの」であるような、未決定の場面を明らかにするものである。

それを、経験の側からみるならば、どうなるのか。何であるかを述べることのできない理念とは、ある意味で、機械がうまく働かなくなること、歩きながらつまずくこと、言葉がもつれてしまうこと、このようにしか（つまりスムーズに繋《つな》がっている現実の欠落のようにしか）描かれえない側面をもつだろう。新たに問題がたてられることとは、枠にはまった現実が揺るがされることでもあるからだ。

しかしこれらは、けっして欠落や否定性を意味するのではないとドゥルーズは強調する。新たに問題がたてられることとは、新たな世界の把握を強いられるという、積極的な側面をもつものであるからだ。それはいいかえれば「出会い」のことである。理念の到来とは、新しさへの経験であり、そうした「出会い」が強要されることである。一見して欠落のように見えながらも、それはまさにポジティヴ（＝積極的）な働きなのである。

卵としての世界、潜在的な多様体とは、問題としての理念のことである。問題を設定しつづける、解決に到ることのない生成の姿である。ドゥルーズの試みのほとんどは、こうした問題の力、理念の力を探り、それをどうにかして描きだすことに費やされる。構造や差異の見えない力を論じるときも（「構造主義はなぜそう呼ばれるのか」）、言語の観念的＝理念的な意味を述べるときも（『意味の論理学』）、またとりわけ微分を論じながら理念の領域を考えるときも（『差異と反復』）、そこでなされていることは、ポジティヴな未決定性をさまざまな視角から描くという、同一の課題のヴァリエーションである。

生成を巡るドゥルーズの議論は、このように描かれる未決定的なものが、かたちへと向かい、理念が感性へと転化していくルートをたどっていく。そのひとつの段階として、まず理念の内部において、出来事の論理が記述されることになる。

［2］出来事のロジック

ドゥルーズが論じる出来事とは、理念や問題の水準に位置している。出来事とは、いまだ目に見えることはないが、かたちに向かっていく働きのことである。

ここでも生命の例をあげて検討しよう。

生命の進化について考えてみる。現存する生命とは、進化し終わったものではない。それは生命であるかぎり、つねに別のものに変化していくものである。生命であることのリアルを形成するのは、自らがいつも何か新たなものに変わりつづけている現場であることだろう。そして、それぞれの卵に生じているはずのこうした進化は、出来事の典型的な例である。さまざまな方向性をはらみながら、未決定性のなかを突きぬけていく進化は、まさに純粋な出来事である。

だが、進化の現場とはどこにあるのだろうか。それは、進化が具体的に現れた個別の生命体ではないだろう。個別の生命体は、いわば進化の結果でしかないからだ。

出来事としての進化は、見えない力の領域にありつづける。生成が現在という視点を避けるように、進化という出来事もまた現在という定点からは逃れている。それは、いまだ分化せず、何ものとも規定できない卵のなかでうごめいている。

つまり〈私〉でも〈何か〉でもない場面において、進化は生じるのである。そのように、結果として目に見えるものになることに先立って（その底面をなすように）、出来事は生じているのである。

だが、こう述べるだけでは、理念や問題と、出来事との違いはよくわからない。それはつぎのようには考えられないだろうか。理念とは、未決定性の場面であった。未決定的であることによって、ポジティヴに、生成としての世界に入り込むことであった。しかし、いわば出来事とは、そうした未決定性のなかから、かたちへと向かっていく動きが生じてくることではないか。それは理念において、問題を適切にたて、暫定的な解決に導く途を示すものではないか。

こうした出来事が、「特異的」と形容されることに着目しよう。出来事とは、それが具体化される現在によっては語れない。だから、それは感性的なものでも悟性的なものでもない。つまりそれは、はじめから「個別的」でも「一般的」でもないのである。その意味で出来事は、やはり理念的なもの、生成そのものである「普遍性」であるといえる。だが出来事とは、理念の普遍性のなかで、何か特異な事柄が成立してくることである。卵の未分化のなかで、出来事としての結びつきが生じてくることである。それは、どのようなロジックにおいて示しうるのか。

ライプニッツと出来事

ドゥルーズは、出来事を論じるときに、とりわけゴットフリート・ライプニッツ（一六四六―一七一六）に言及する（ライプニッツを主題とした『襞《ひだ》』だけではなく、『意味の論理学』『差異と反復』『シネマ』等、さまざまな著作の構成上のかなめで、ドゥルーズはライプニッツを参照している）。そこでドゥルーズは、ライプニッツの議論を捉え返すことにより、出来事と特異性を論じていくのである。

なぜライプニッツなのか。それには、はっきりした理由があるだろう。

ライプニッツは、モナドロジーという独自の多元論的哲学をつくりあげた、一七世紀の思想家である。ドゥルーズの関心は、何よりもライプニッツが微分を導入し、無限小を思考する技法をとりだしたことにある。目に見える世界のなかに折り畳まれた、見えない無限の細部を論じる手段を編みだしたことにある。

ライプニッツの業績を考えるときは、ドイツ観念論の思想家であるゲオルク・ヴィルヘルム・フリードリヒ・ヘーゲル（一七七〇―一八三一）が大きな参照項になるだろう（以下の論述は『差異と反復』第一章による）。ヘーゲルは、無限大を考えることにより、根拠の基盤性を揺るがした。有限な表象の枠組みに収まらない無限大を提示することで、へーゲルは表象そのもののあり方を崩していくのである。それと対照的にライプニッツは、有限が含む無限小を思考することにより、いわば表象の内にうごめく無限をかいま見させ、近代哲学の極限に到っていく。この両者は、無限を導入することで、定点として設定された現在＝現前を無限の力で崩していき、現在に依拠する根拠に酔いしれるような動揺を与え、近代哲学を内側から崩す役割を担っている。

ドゥルーズは、近代の装置を揺るがしたという点において、この両者を評価するが、しかし最終的には、ともに近代という場面から抜けだせてはいないと批判する。だがドゥルーズは、ヘーゲルをあっさりと退けるのとは正反対に、ライプニッツの議論を、いわばアイデアの宝庫として積極的に評価する（ライプニッツとヘーゲルの対比は、先に述べたドゥルーズとデリダの、ポストモダンの方向性の違いにもかかさなりあうだろう）。その多元論的な世界の描き方に、ドゥルーズは共鳴を隠さない。

ライプニッツはこう考える。現実がいまあるあり方とは、それがありうる唯一の姿ではない。私は何かの行為をしたが、それをしなかったこともありうる。それをしなかった別の世界があって、それが現実であってもよかったはずだ（それはライプニッツにおいては可能世界と名指される）。こうした複数の世界は無数に想定できるだろう。だからこの世界の現実とは、さまざまな世界の多元性のなかで、ある世界が選びとられたものである。

では、多元的な世界のなかで、この世界が選びとられるときの、その論理とは何か。ライプニッツは、現実の世界とは、矛盾のないものから成り立っている、最善の世界であると考える。この意味でライプニッツは、世界の多元性を認めながら、それを共立可能性（矛盾せずに多様な事象が存立するあり方）や最善（多元性のなかでもっとも価値的な評価の高いものを選ぶこと）という仕方で、ひとつのあり方に収斂《しゅうれん》させようとする。多様な力が、ひとつの方向に収束する姿を描いていくのである。

ドゥルーズはこの展開には従わない。ドゥルーズは、ライプニッツの論議を利用しつつも、無数の世界の存立を、分散したそのままの姿で捉えようとする。むしろ無数の世界が、卵襞のなかに無限小というかたちで潜在的に織り込まれているあり方を描くことにより、卵にはらまれる未決定的な力を見いだそうとするのである。それが、出来事を捉えるドゥルーズのロジックの根幹をなしている。

共立不可能的な世界

ドゥルーズによれば、多元的世界の、共立可能的で最善の世界への収束を論じるのは、やはりライプニッツが、差異の力ではない同一性の思考に捕らわれているからである。いいかえれば、現在という視点へのかかわりを、思考の基本に置くからである。しかし現在からは逃れ、真偽の枠組みを超えた問題の力をとりだすためには、矛盾のない共立可能性によって支えられる世界ではなく、そこへまとめられていく以前の、ありのままの力の様態を描かなくてはならない。

それはむしろ共立の不可能性によって特徴づけられるものであるだろう。スローガン的にいうならば、調和的に収束するような方向性を欠いた、拡散するライプニッツ主義が展開されなければならない。

共立不可能的な世界は、どのように描けるのだろうか。

たとえばそれは、ルイス・キャロル（一八三二—九八）的なパラドックスに充ちた世界である。つまり、アリスが同時に大きくもなり小さくもなるような、パラドックスの世界である（これにかんしては、『意味の論理学』の冒頭部分が参考になる）。アリスが大きくしかならず、小さくしかならないのは、思考が現在において展開されるからである。ところが出来事は、現在という収束点をもたない、分散するパラドックスの現場として語られなければならない。ライプニッツ的な予定調和の奥底にひそむ、不調和的調和の場面がとりだされなければならない。

それはアリスの世界のような、不条理の場面としかさしあたり表現しえないだろう。生成に触れるとき、われわれに見える世界の一歩下には、こうした不条理性が渦巻いている。

だがこうした不条理性は、世界の無意味さを露呈させるためのものではない。逆に、世界が先に進んでいく力のような、多様なものの共存をあばきたてるためのものである［註5］。

卵が、それが位置づけられる場所や状況を俯瞰し、それ自身の解答を探りながらかたちへと向かうことは、まさに特異な出来事である。そこで生みだされる眼は、眼の本質を表現するものでも、究極的な眼の形態を目指すものでもない。それぞれの眼の形成は、それぞれの進化の段階を踏まえ、それぞれの局面での揺らぎや偶然性を引き受けた、非本質的な出来事である。

進化は、おもいもよらない異質な器官を利用したり、ハイブリッドな接合をなしたりして、分散するさまざまな眼を、それぞれが特異な出来事として生みだしていく。そしてわたしたちが、この世界に投げ込まれ、見えない全体を見渡しつつ、たくさんの折り合わない事柄を同時に抱えながら、それでも前に進んでいくとき、それは進化のあり方と同様に、ひとつひとつが特異な出来事である。それは、主体的な決断からはほど遠く、不条理としかいえないパラドックスのなかをかき分けながら、いずれかの解決へと暫定的にたどりついていく、そうした生の運動のことである。

［3］個体化と分化のプロセス

出来事とは、描こうとすればパラドックスでしかない共立不可能性によって記述されるものであった。それは、問題をひとつの解答に収束させ、生成をとりまとめるものではない。むしろ異質なもののあいだをとびまわり、そのなかで暫定的な結びつきを探る働きのことであった。

しかし現在を回避するこの働きも、揺れを含みながらかたちへと向かうものでもある。卵は、潜在的な力を引き受けながら、ある形態へと自己展開するのである。それは、潜在的な見えない力が、見えるものになっていく分化の過程のことである。こうした事情は、差異化する力が、分化を果たしながら、感性的に現出するプロセスとして記述される（フランス語の言語では、差異化〔différentiation〕と分化〔différenciation〕とは、音声上は区別されない、双子のような言葉である。ドゥルーズは、différen$\frac{t}{c}$iation という表記を利用して、差異化から分化に到る一連の運動を記述しもする）。こうしたルートを考えることで、潜在的な多様性の議論を、とりあえずは一巡りさせることができる。

ここでは、このプロセスを、ひとつの側面から検討しよう。それは、個体という主題である。ドゥルーズは、潜在性から現実化へと向かう生成の過程のなかで、個体を重視するとりあえずは、個体の位置づけの微妙さから述べざるをえない。個体であることは、つぎのような両面性をもっている。

まず理念である出来事とは、いまだに個体的なものではない。〈かたち〉にならない働きは、個体に先立つもの、前個体的なものである。個体とは、こうした前個体的な流れが現実化に向かう一連のルートのなかに設定されるだろう。

けれども同時に個体とは、理念としての問題に対する、まったくの解決（＝現実化）を意味するのでもない。それはむしろ、解決にならない解決を探るような、出来事の特異性を引き受ける場面である。だから個体化は、理念的なものをすでに失って現実化された（すっかり〈かたち〉になりきった）、分化の場面と混同されてもならない。個体は、出来事を現実化に導く、分化の途上にあるものとして捉えられなければならないのである。

ドゥルーズによれば、分化において現れてくるもの（＝〈かたち〉であるもの）は、「種」と「有機体の諸部分」である。卵が分化した具体的な生命体は、それが区分される「種」や、それが実現される「諸部分」によって描かれる。「種」とは、たとえばある生命が「人間」であること、そのような仕方での一般性を意味するだろう。「諸部分」とは、そうした「人間」としてのかたちをとった、個別的に述べられる生命の諸器官の姿を示すだろう。〈私〉や〈自我〉という存在もまた、ドゥルーズによれば、分化の果てに見いだされるものである。

しかしこうした種や諸部分、つまり悟性的な理解や感性的な知覚の対象として指示されうる存在は、そもそもが個体であることに依拠している。何かが一般的に区分されたり、何かが手触りあるかたちで捉えられたりするときに、その〈何か〉とは、まずは種でも諸部分でもない個体でしかありえないのである。

ではそこで、個体とは何なのか。

個体とは、分化において示される区分に収まりきるものではない。ひとつひとつの個体は、そうした区分を、いつもはみだしてしまうからである。現実化された諸区分（分類）は、同一性に依拠した思考の産物であるだろう。しかし個体とは、リアルな未決定性を表現するものとして、ひとつひとつが特異な存在である。個体とは、それぞれが同一性に収まりきらないものである。

システムと個体

こうした個体という主題は、ドゥルーズの思考をシステム論として検討するときに、きわめて重要であるとおもう。少しドゥルーズのコンテクストからはなれて、考えてみよう。

世界をシステムとして捉えることについては、一般的につぎのような拒絶的な意見がある。つまり、個体をシステムの展開において把握するならば、それはシステムに従属するだけのものとなり、個体としての価値を失うのではないかというものである。

確かに、常識的な発想によって、個体がシステムの働きの一つの項のようにして生みだされると考えるならば、それはオートマチックな機械的生産のイメージにかさなりあうだろう。たとえば、俗流フロイディズム、俗流マルクス主義、俗流社会生物学は、こうした悪しきシステム論の典型であるといえる。

それらにおいては、心的トラウマや性的欲望、経済的下部構造、遺伝子戦略、これらがシステムにおける決定項のような位置を最初からしめてしまう。そこで個体とは、これらの決定項から導きだせるコマのような存在にしかなりえない。個体が何であるかはシステムの方が決めていて、個体自身は何ものでもなくなってしまう。たとえ個体が、そうした決定項から逸脱した何かを実現するとしても、それは偶然にすぎないと語られるだけだろう。だからそこでは、個であることを語る意義はきわめて希薄になる。

だが、こうした議論が、いかにも柔軟さを欠いた、この世界のリアリティーに密着しないものであることはいうまでもない。それは、分散しつつ多様なものである個体の姿に、本質的に届くものではない。

ところで、これに対し、個体をはじめからシステムに絡めとられない中心とみなす発想もあるだろう。全体的なシステムに抗して、その固有性をきわだたせるのが個体であるという着想である。そこでは個体や〈私〉には、最初からかけがえのなさが与えられている。しかし、それもまた危険な考え方であるだろう。こう考えるならば、個体とは、システムのあいだを逃げまどうものにしかなりえないからである。するとそこで個体の概念は、むしろやせ細ってしまうのではないか。しかし個体が個体としての意義をもつのは、逆にそれがいつもシステムの力を引き受け、独自のあり方で表現し、その表現においてシステムの存在を担うからではないか。

ドゥルーズの個体の議論は、この両者の考えとはまったく別のところから、世界のあり方に踏み込んでいく。

なぜならば、システムの絶対性や決定性を述べる俗流システム論も、システムに回収されない個の価値をきわだたせる発想も、ともに同一性の思考に基づいてしまうからだ。前者の議論は、システムそのものが、未決定的な生成の現場であることを見逃している。後者の着想は、生成の流れの中からとりだされるひとつの領域が、あらかじめ同一性をもった中心でありうると捉える点で誤っている。生成の流れを無視して、はじめから独自である個体はない。差異の思考は、これらとはまったく別の地点から開始されなければならないのである。

ドゥルーズの論じる個体とは、それぞれが差異を表現することにおいて、システムの個体である。それは卵のシステムの未決定性を受けとりながら、未決定的な流れの表現であることによって独自である価値をもつ、そのような個なのである。

逆に考えてみよう。生成するシステムは、個体がなければ、ただ分散しているだけにとどまるだろう。つまり適切に問題を設定し、出来事の論理が働いて、分化が準備されていく場面がなければ、生成するシステムはひたすらパラドックスとしか描けなくなってしまう。見ることも感じることもできない力とは、文字どおり〈生成の無垢《むく》〉である。だが無垢である生成は、その生成を見えるものに展開していく位相がないならば、論じることすらできないのではないか。

特異的なものである個体

それぞれが特異的なものである個体とは、まさにこの意味で、生成を担う実質そのものであるはずである。それは、問題としての存在が、出来事として現れてくる場面そのものなのである。そして本当のことをいえば、われわれが生きる対象、われわれ自身、時間のなかでありつづける存在は、すべて特異な仕方でシステムを表現する個体にほかならないのではないか。個体こそが、この世界の姿そのものではないか。
一枚として同じ葉はないし、一滴として同じ海の水はない。一人として同じ〈私〉はいないのである。それは、葉や水滴や私が、はじめから独自な中心をなしているからではない。それらすべては、システムがもつ生成を、それぞれに表現する個体だからである。問題に対して、それぞれの答えをそれぞれに探っている個体だからである。すべての葉に共通する要素を抜きだして、その本質を求めたとしても、個々の葉はすべてがそこから逃れ去る。しかし、それぞれが別のものである何かの葉は、すべてがまぎれもなく何かの葉なのである。

それらは、同一の本質をもつにもかかわらず、個々独自だというのではない。同一の本質など、どこにもない。ドゥルーズの描くイデアの世界は、同一の本質を消し去る生成の世界である。むしろ、この世界に何一つ同じものがなく、つまりそれぞれが固有の問題の引き受け方であるために、それぞれの葉は、それぞれが何かの葉という理念＝問題を、積極的に担うのである。誰もが差異をもつ異なった個人であるがゆえに、そのひとりひとりの個人が、われわれとは何かという理念をつくりあげるのである。

特異な個体が、未決定的なシステムを支えていく、そうしたシステム論が描かれなくてはならない。多様に分散し、それぞれが異なった個体によって、世界がつくりあげられていることを肯定する存在論が構想されなければならない。

ここではついで、こうしたシステムの展開を支える時間というテーマをとりあげてみたい。それにより、個体をめぐる議論に、さらに明確なイメージを与えてみたい［註7］。

3 時間とは何か

三つの時間のモデル

近代よりあとの思想は、時間の議論を中心に置かないわけにはいかない。なぜならば、永遠の真理を素朴に設定することを放棄するならば、この世界のリアルさを支えるものは、もはや時間でしかないからだ。

生成を扱うドゥルーズのシステム論にも、その軸のように時間の議論がさしはさまれている。時間を描くことにより、ドゥルーズの述べる生成とは何かが、よりはっきりと指し示される仕組みになっている。

ドゥルーズが語る時間とは、どのようなものなのか。ここでは『差異と反復』の記述を中心に検討してみよう。そこでは三つの時間のあり方が対比的に示されていて、ドゥルーズが考える時間がどこに見いだされるのかが、わかりやすく描かれている。

三つの時間とは、つぎのようなものである。

第一の時間は、拡がりをもった現在である。それは点としてのいまが、過去と未来とを有機的に結びつけ、それを一繫がりのものとして組織しながら、生き生きとした連携を繰り拡げる現在の時間のことである。

第二の時間とは過去である。それは、現在の拡がりを支える純粋な過去の存在であるが、最終的にこの時間は、現在と過去とが依存しあう円環のように描かれていく。

第三の時間は、未来の時間である。ドゥルーズは、生成にかかわるこの時間を、蝶番《ちょうつがい》のはずれた時間とも、亀裂の入った時間とも表現する。しかしこの時間の基本的な姿は、直線であるだろう。こうした直線的な時間の姿を、ドゥルーズは空虚な形式としての時間と記述しもする。

さて、こうした時間について、どう論じることができるのか。

すでに明らかなように、この三つの時間は、現在、過去、未来という、常識的に考えられる時間の三つの次元にきちんと対応している。それに、これらの時間がもつイメージも、拡がりをもつ点、円環、直線と整理できるだろう。そして、ドゥルーズが、これら三つの時間を論じていく方向もはっきりしている。ドゥルーズは、第一の時間と第二の時間とを、時間論の諸段階として踏まえながらも、第三の時間を、生成にかかわる時間としてきわだたせていくのである。

まずは第一の時間から見ていこう。

第一の時間、つまり拡がりをもつ点とは何か。それは、流れである時間が、幅をもった現在であることにより、流れが繰り拡げられていく全体（つまりは、直接的なつながりをもった過去と未来）を包括していく姿を描くものだろう。ドゥルーズはそれを、習慣の時間と語ってもいる。

そこでは、生成する世界に対し、現在を中心とした有機的‐組織的な連携をもたらし、それを知覚可能なものとして処理する働きがとりだされていく。この時間において、過去とは、集約されながら現在へと結びつくものである。そして未来とは、現在の傾向性を延長して見いだされる予期の対象である。三つの時間の次元を包含する、有機的な組成としての時間が第一の時間である。

これに対して、第二の時間とは、純粋な過去の時間である。

それは現在の連関から、直接的な意味では切り離された過去を示している。あらゆる過去がすっかりそのまま残存する、純粋な記憶の領域がここでとりあげられる。この時間とは、現在を媒介として想起されるような、イマージュ（像）としての過去ではない。むしろそうした想起を可能にする過去が残存すること、それがテーマになっている。

ところで、この第二の時間は、第一の時間、つまり過去を集約して有機的な結びつきとしての現在をつくりあげる時間にとっては不可欠なものでもある。なぜならば、純粋な過去とは、現在が機能するための土台をなしているからである。だから第二の時間とは、まずは現在から切り離された純粋な過去であるのだが、実際には現在と円環をなしているともいえる。純粋な過去とは、現在化されえない、無限の過去を包括する場面でありながら、しかし現在を支えることにより、現在と相互的な円環をつくりあげるようにイメージされていく。

ドゥルーズはこれらの議論を受けながら、さらに第三の時間を提示する。それは、第一の時間と第二の時間とをともに乗り越えながら、未来へ向かって推進する時間を描くものである。

では、第三の時間とは何なのか。それは、いささかひとを戸惑わせるような仕方で導入される。未来を論じる第三の時間とは、空虚な形式としての（順序としての）時間であるというのである。それは、直線によってイメージされるものとして描かれる。

この時間をドゥルーズは、先の二つの時間と対比させながら、蝶番のはずれた時間、狂った時間、脱根拠の時間であると記述していく。それは、第一の時間が指し示すような、現在という中心への連関も、第二の時間が示すような、現在と過去とがもつ相互依存的な円環をも破棄しながら、ひたすら先に突き進む時間の姿であると、とりあえずはいえるだろう。

第三の時間と生成の亀裂

こうしたイメージだけで描くならば、この時間とは、表面的には、生のすべてが欠落した、物理的時間のように理解されてしまうかもしれない。しかしそれは違う。

確かにこの時間は、きわめて無機質的に描かれるものでもある。それは、第一の時間である有機的な連携や、第二の時間である円環的な相互性が、習慣や記憶によって、生の内容を具体的に支えることとは対照的に、ほとんど何の内容もない形式的な時間であるともいえる。ドゥルーズが、ジークムント・フロイト（一八五六―一九三九）のタナトス（無機物への回帰を述べる死の欲望）の議論をここに絡ませてくることも、この時間に生の停止のような色彩を与えるだろう。

しかし、むしろこの時間は、有機的連関や円環的に描かれるだけでは明かすことのできない、生成のあり方を示すための時間と考えるべきではないか。

ではドゥルーズが、直線的な順序性という物理的なイメージを、あえてこの時間に付していくのはなぜなのか。それにより、ドゥルーズが論じたいこととは何であるのか。

もちろんそこには、さまざまな含みがあるだろう。

しかし、考えるべきはつぎのことである。つまり、直線的な順序を述べるひとつの意味は、先に述べた俯瞰と結びついているのではないか。第三の時間とは、俯瞰という仕方で、視点（＝現在）をもたずに流れに内在するという、ドゥルーズの記述によって示される生成する世界に即応した時間の姿をあらわにするものではないか。

空虚な形式としての時間、直線としての時間とは、ひたすら無限に延び拡がり、回帰することのない時間のことである。つぎつぎと新たなものが現れて、どこにもまとまっていくことのない、そうした生成のなまなましさをあらわす時間のことである。そこで直線や順序とは、無限を一気に見通しうること、無限の流れを一挙につかみながら、生成のなかに潜在的に入り込んでいくことの、ひとつの表現であるだろう。

無限に延びていく直線は、拡がりをもつ点のように、流れが集約される中心をもつものではない。それはまた、円環のように、別々の位相に展開しながらも、結局は自己に回帰するあり方をとるものでもない。遠近感を欠くかたちで、無限遠点までを見通しうる時間であること。それがこの時間によって示されているのではないか。

だからこの時間とは、現在にしか依拠しえない〈私〉にとっては、自己が引き裂かれるようなことをしか、さしあたりは意味しないだろう。

第三の時間において、〈私〉はまさに空虚な形式に放り込まれ、無限に裂け目を入れられる。この裂け目とは、うごめく生成がそれを通じて現れるための裂け目といえるものである。だからそれは、直線的な秩序として描かれながらも、けっして物理的な時間なのではない。むしろ〈私〉になる以前の、あるいは〈私〉であることの底に位置するような、卵の未決定性を描く時間であること。無限のひらかれを被りながら、予見不可能な進化を突き進んでいくための形式であること。これがとりだされているのである［註8］。

時間と情動

ところで、こうした方向から時間を論じていくさいに、ドゥルーズは〈感じる〉ということに、つまりは情動性というテーマに特別な価値を置いていく。〈私は感じる〉という情動のあり方が、俯瞰のなかに投げ込まれ、生成を生きることの具体的な内容をなすというのである。それはどういうことなのか。

時間の議論を再び考えてみる。

第一の時間や第二の時間ならば、そうした時間の内容は簡単にとりだされるだろう。第一の時間では、習慣化される身体の働きが見いだされる。第二の時間では、純粋な過去が示される。それは〈私〉の、つまり分化した場面に位置する〈私〉の内容をかたちづくる（いいかえれば、それは〈かたち〉を支える時間である）。〈私〉は、現在における過去から未来への結びつきの中心点であるがゆえに、自己同一的なものでありうる。また、そうであるがゆえに、〈私〉は、必ずしも現実化させえない（すべてを想起できるわけではない）過去という内容を保ちつづけている。第一の時間と第二の時間とは、あくまでも、こうした分化の場面にある〈私〉を描くことに収まっていく。

ところが未来の時間であり、予見不可能な生成をあらわにさせる第三の時間とは、まさに、こうした同一性を突き崩すためにもちだされる時間である。そこで〈私〉は、生成の流れに飛び込むかたちで引き裂かれてしまう。この時間を論じる場面で、はたして何かを積極的に提示できるのだろうか。

それはもとより困難なことであるだろう。というのも、生成の中に入り込むこととは、いつも予見不可能な新しさとの出会いにさらされることでもあるからだ。しかしそもそも新たなものとは、はじめから何かとしても知覚しえないし、真偽も規定できないものである。そこでは、視点である〈私〉は突き崩されてしまい、〈私〉の内容をなす既存の枠組みも揺るがされていく。

だから、第三の時間で描かれる状況をいいあらわそうとするならば、それは、ひたすらに見ること、ひたすらに感じることとしか表現できないだろう。与えられるものに対して、刺激－反応系（＝習慣化された働き）に収まるような、適切な応答をとれないこと。そこで真偽も内容も描けない新しさを、ただ受動的に被ること。未来という時間性が切りひらくこの場面は、まさに受苦という訳語すらあてはめうるような、パッション＝情動の位相なのである。

しかし、引き裂かれた〈私〉、直接流れにさらされてある〈私〉とは、まさに生成を引き受ける個体そのもののことではないか。だからここで語られる情動とは、むしろ個体であることの内容を、積極的に表現すると考えるべきではないか。

すでに述べたように、個体とは、はじめからシステムの中心をなすように、自分の固有な領域を保持したり、そこでの能動的な力によってこの世界を生きるものではない。個体は、それに与えられた独自な力を示すというよりも、この世界を成立させる流れのなかで、自己同一性をあらかじめ設定することもなく、特異に浮かびあがるものである。だから個体とは、システムの特異なものとしてあり、逆にその存在において流れの実質を担っていくのであった。すると理念の流れを引き受ける個体であることは、まさに無限の流れを生きる第三の時間と結びつくのではないか。そうであるならば、パッション＝情動としての生とは、まさに個体の生のことではないか。

圧倒的な生成の流れを、まさに中心的な現在を欠くように生ききる個体であること。それは、流れをひたすら被りつづける受動的な情動として描かれる。しかしこの徹底的な受動性は、やはりポジティブな受動性であるともいえる。なぜならば、この受動性は、能動的な中心を欠きながらも、そのことによって、何か新たなものが現れる生成の現場にリアルに参与することをあらわにするパッションなのだから。生成そのものに引き裂かれた情動であること。それが個体の生である。未来を生きる時間のあり方は、パッションとしての個体において語られなければならない［註9］。

Ⅲ 〈私〉ではない〈個体〉が生きること――結論に代えて

ドゥルーズの倫理

ドゥルーズの描く世界は、われわれが生きることにどのような示唆を与えてくれるのか。ドゥルーズから導かれる倫理（行為と生き方の原理を論じること）については、きまってとりあげられるイメージがある。差異や多様性を肯定すること。主体の同一性に捕らわれず、さまざまな方向に分散する生をきらめかせること。分裂症そのままのような逃走を盲目的に鼓舞すること。とりわけ、ガタリと共闘を組んだ『アンチ・オイディプス』と『千のプラトー』のドゥルーズ――内在の存在論を外にひらいていき、哲学以外の言説とリンクさせるドゥルーズ――に照準を定めるならば、このイメージはさらに強くなる。それは、ある立場からは奇妙な熱狂をもって歓迎され、別の立場からは顔をしかめてその無責任さが糾弾されるものだろう。主体は解体されたのだから、そこで守られなければならない規範は何ひとつない。まさに後期資本主義のあぶくのような文化の散乱と、そこでの技術の進展に結託した、ナンデモアリの思想。家族も制度も国家も消滅することを目指し、しかしそのあとは、たんに逃げ切ることしか行き先をもたないアジテーション。徹底したアナーキズム。

こうしたイメージは、すべてが誤りであるとはいえないだろう。ドゥルーズの議論には、狂気をそっくりそのまま、あられもなく認めるようなトーンが含まれている。狂気を肯定しなければ、予見しえないスピードで突き進むこの社会や歴史のリアリティーに届きはしないという確信犯的な調子すらある。対話による民主的合意というまどろっこしいことをしていては、せいぜいが理性の枠内に包括される事態しか論じられないから、それらをあざけるように転覆させてやれという底意地の悪さすら感じられる。

『アンチ・オイディプス』は、精神分析批判からはじめて、無意識の心的システムを描く議論を、世界史的な国家の成立にまで引き延ばしていく拡がりをもつ。『千のプラトー』になると、地質学、生命科学、人類学、言語学すべてを包括する、まさにコスモロジックな記述が叩きつけるようになされていく。それは、近代的理性とそこで語られる倫理とを、あまりに近視眼的なものとして退けていく。これらの事態は、一面では後期資本主義の帰結と密接にかかわるが、しかしそうした議論の根底をなしているものは、自然史的・人類史的な広大さをそなえてもいる。それらは、社会や歴史を捉える視点を、近代の枠組みから積極的に脱却させ、精神の、国家の、自然の深部をまさに無限の速度で駆けめぐらせることにより、現状に捕らわれた倫理を揺るがせてしまう。これらの記述は、言説のポリティックスにおいて、一定の効果をもつものではあるだろう。

しかし倫理についてのドゥルーズの議論は、こうした方向とは少し異なったかたちでも描きうるのではないか。つまり、もう少しドゥルーズの理論に即した仕方でも記述できるのではないか。それに、そうした方向を探らなければ、ドゥルーズの議論は、予見不可能な生成をひたすら肯定するという、それもまた凡庸な図式に収まるだけのものにはならないか。

もちろん生成は予見しえないし、生成するシステムは〈私〉という小さな定点を吹きとばしてしまうだろう。だからそこで、主体の能動性や決意が中心に置かれることはないし、それらに賭ける発想も退けられる。むしろ、時間の場面で述べたように、ドゥルーズの議論の果てには、いかんともしがたい受動的な情動が見いだされもする。しかし、その情動は、やはりあくまでも創造へと結びついたものである。それは、新たなものが現出する、生成そのものにさらされている情動性なのである。こうした議論の展開は、明らかに、生についての価値的な方向づけを含むのではないか。

個体と生

この方向から倫理を考えるときに、個体を検討することは、ひとつの鍵であるとおもう。ドゥルーズの個体の議論には、率直に考えて、倫理についてのメッセージがはらまれているだろう。倫理とは、〈私〉がどう生きるべきかを扱うものである。しかしドゥルーズの論じる個体とは、〈私〉のあり方に大きな書き換えを迫っている。〈私〉とは、出来事を引き受ける個体を前提にして、それが分化した位相にすぎない。個体はあくまでも、〈私〉に先立つ生成の流れに根ざしている。だから、ドゥルーズにおいて倫理を語るならば、〈私〉とは何か、〈私〉はどうあるべきか、という議論は意味を失うのである。むしろ、個体に基づいた振る舞いの倫理が設定されるべきである。

再び個体について論じてみよう。個体の倫理を考えるためには、つぎの二つのことに言及しなければならない。

ひとつには、個体が生成に深く結びついていることである。

だから個体は、〈私〉のように、あらかじめ設定された同一性や中心をもつものではない。個体には、そのあり方を支える固有性や、無前提的に独自のものとして設定される内面性はないのである。

しかし他方、個体とは、それ自身として特異なものと記述される。ドゥルーズのシステム論において、個体とは、潜在的な多様体が、それを通じてしか表現されえない特異なものであった。たとえば進化の流れはリアルな出来事である。しかし進化という出来事が存在するのは、それぞれの特異性をもった生命の個体においてでしかない。

あらかじめ設定される中心性をもたないこと。しかしシステムの生成がそこで担われる特異なものであること。個体の倫理は、この二つを同時に踏まえて思考されなければならない。それを展開することが何よりも重要になる。

個体には固有性も中心もない

前者の論脈から検討してみよう。

個体とは、中心性や固有性に依拠する倫理に向かうものではない。中心性や固有性に依拠する倫理は、すぐに〈私〉のかけがえのなさや、本来的な〈私〉を探すことに熱中するだろう。しかしそうしたかけがえのなさや本来性が、そもそもありもしない虚像であるとしたらどうなのか。こうした発想は、ありうべき唯一の〈私〉という虚構に価値を負わせ、そこから示されるネガティヴな力（虚構を維持しようとする力）に行動を束縛する危うさを秘めるのではないか。しかしそんなものは、本当はどこにもないのではいか。

ドゥルーズの述べる個体とは、あくまでもシステムの個体である。それが特異であるのは、個体の存在が、それぞれ偏った仕方で、システムのあることを支えるからである。〈私〉のかけがえのなさなど、流れていくシステムへとすっかり溶け込ませてしまえばよい。〈私〉の中心性を想定する議論からは、潜在的な生成の力を引き立てる倫理は描けない。本来的な〈私〉を探し、ありうべき〈私〉をとりもどすという設定は、それ自身転倒した発想でしかありえない。

しかし、中心性や固有性を認めないということは、〈私〉だけに適用されるわけではない。〈私〉が〈私〉として振る舞うさいに、共同性や間主観性（他者と私が、人称の区分以前に共同的に働いているあり方）の次元が〈私〉に先立つことを指摘しながら、その先行性を軸に議論を進める仕方もあるだろう。そこでは〈私〉を包括する社会的な共同性の、それなりに多層的な諸場面、あるいは〈私〉がその人称性をもたずに振る舞いをなす身体的な共同性（たとえば幼児の共感的行動や、それを拡張させた身体的共鳴の場面）を重視しながら、倫理の話題が展開されることもありうることである。

また、〈私〉が中心ではないということから、〈私〉ではない他者や、〈私〉の不在をあらわにする死に、価値の真正な源泉を見いだしていく議論もある。たとえば、〈私〉への同化を拒むものとして、他者のもつ他なるものの性格を強調し、その徹底的な他性のゆえに（その届きがたさを反転させるかたちで）他者への歓待を説いていく倫理の論じ方がある。また、〈私〉の本来性を、死という〈私〉の不在の究極であるような地点に設定して、こうした不可能性の可能性としか描けない死の側から、〈私〉の中心性の意味を反照させていく倫理の描き方もある。

共同体の倫理、間主観性の倫理、他者（を歓待すること）の倫理、死に向かう倫理……これらは確かに、〈私〉ではないものの倫理を示そうとする。そこでは〈私〉という中心性や固有性は排除されている。だが、それらはいずれも、ドゥルーズから見いだされる個体の倫理とは、鋭い対比をなすものでしかない。〈私〉に依拠しないドゥルーズの倫理は、これらの倫理の描き方と混同されるべきではない。なぜならば、以上にあげたさまざまな例は、〈私〉とは別のかたちで、しかしある種の中心性を復活させるものでしかないからだ。

個体の倫理は、共同性も他者も死も中心化しはしない

〈私〉に先立つ共同性や共感という、非人称性の位相から考えてみよう。確かにドゥルーズも、生成するシステムを、〈私〉に先立つ非人称的なものとして描いていく。個体も、前個体的な、非人称の働きによって成立する。その意味では、ドゥルーズの議論は、〈私〉ならざるものの先行性を述べる主張と、ある程度の近さをもつようにもみえる。

とはいえ、すでに述べたように、個体は、システムがそのあり方を自動的に決定し、その一部が単純に現実化して生じるものではない。個体を包むシステムの側がむしろ未決定的なものだからである。したがって個体は、システムをそれ自身の特異性において引き受ける実質と考えられたのである。だからドゥルーズの描く世界とは、個体の価値を、システムの側に負わせてしまうものではない。

非人称的な決定項（共同性・間主観的なシステム）があって、個体はそれに従属するのではないのである。〈私〉に先立つ繋がり（共感の内実）が明確に設定されえて、個体がそれにしたがっているのでもない。こうした決定項をあらかじめ想定するならば、つまり個体の背後に存在する全体がどこかで規定され、すっかり記述されうると考えるならば、それは倫理的には最悪の全体主義を帰結することにもなりかねない。ところがドゥルーズが描くのは、あくまでも個体の分散する世界である。個体の特異性において、全体として想定されがちなシステムを支えるような世界である。そこでは、個体の背後に横たわる全体に価値を負わせる発想は退けられる。価値は、分散した個体の側からしか生じない。

それに加えて、他者や死についても検討する必要がある。他者や死をテーマとして引き立てていくことは、〈私〉の中心性を転覆させる効果的な論法でありうるだろう。他者や死という、〈私〉が極限的に不在である場面をさらけだしながら、その不在の強さによって〈私〉の中心性を解体し、倫理の言葉を導くことはありうることである。

しかし考えなければならないことは、ドゥルーズのポジティヴな議論において、他者の他性や死という、否定的であることにより力を与えられる対象は、生成の原理としてもちだせないということである。ドゥルーズにおいて、他者や死とは、〈私〉というあり方と同様に、分化の果てに位置づけられるものにすぎない。内的な差異化によって生成を語るこのシステム論にとって、他者性や死が、生成の軸そのものに置かれることはない。だから、それらが倫理の根幹に置かれることもありえない。

そもそも、倫理を語るときにもちだされる絶対的な他者とは何であろうか。それは、実際には、〈私〉の中心性を向こう側に反転させたものでしかないのではないか。極端な自己中心性と徹底した他者中心性、揺るぎない利己主義と無償の利他主義、これらはほとんど同じ構造をもつのではないか。

それにこれら両者は、実践上の帰結においても、あまり違いはないともいえる。自己中心的であり、利己的であるといっても、利己的であるとはそもそもどういうことなのか。

純粋な自己とは、そこに内容を付加させるときには、いつも自己が生きる場面性を想定してしか描けないし、するとそこに他者の影はどのようにしても入り込んでしまうだろう。また自己に先立つ他者を論じたとしても、そこでは他者そのものが、ある種のコンテクストと最初から共犯的でしかありえない。そうしたコンテクストには、もともと自己も他者も絡みつくように含まれているはずである。

だからこれらの議論では、自己－他者という、合わせ鏡のような構造を利用することにより、倫理を述べる単位がいつでも交錯する仕組みになっている。そこで絶対的な他者が、本来的な〈私〉を探るのと同じくらい虚構に充ちた設定であるならばどうなのか。それはむしろ、〈私〉の中心性を、別のかたちで回復させるだけのものにはならないか。

死についても同じようにいえるだろう。死は〈私〉の不在として、〈私〉の脆弱《ぜいじゃく》さをあらわにしたり、〈私〉の究極的な目的とされたりして、〈私〉の倫理を描くときによくとりあげられる対象である。死の側から生を逆に照らしだすという論法も、きわめて数多く見受けられる。だがそこで死とは、生の不在であるがゆえに、それもまた実質的には何でも入れ込めることのできるブラックボックスのような対象でしかない。つまりそれは死そのものがもつ不在の強さ（脅し）を利用して、そこに〈私〉の中心性を投影するものにしかなりえない。

利己的な言説と利他的な言説、自己への固執を述べる倫理と死の方向から照らしだされる倫理とは、奇妙にも似通い、ほとんどかさなりあってしまう。単純にいえば、それらは純粋性という観点から酷似するのである。それどころか、他者や死をめぐる言説においては、不在の中心が設定されるがゆえに、実際にはさらに純化された倫理の言葉が語られる危険がある。つまりいっそう先鋭的であり、そうであることに自らが酔うような正義や宗教の言葉が紡ぎだされる可能性がある。純化された何か、というのは倫理にとってもっとも危険なものではないか。純粋に倫理的な主張ほど（そしてそれが正義に基づくといわれればいわれるほど）、とめどない暴力の源泉になりはしないか。

ドゥルーズの個体の議論は、〈私〉も共同性も、他者も死も、こうした強く中心性を引き受けうるものをすべて退けながら語られていく。中心も外部も設定しないような仕方で、しかし生成する個体の倫理を描くこと。それはどのようになしうるのか。

個体の倫理と生命

個体についてもう一度クリアにまとめよう。そして、個体に即した倫理の方向をかすかにでも見いだそう。

〈私〉ではない個体の倫理とは、人間の倫理というよりは、むしろ人間もそこに根づいている〈生命の倫理〉を目指すだろう。それは、人間の観点からなされる倫理のヴィジョンをひっくり返し、生命の唯物性や、その過酷さにすらしたがった言葉を導くことにつながるだろう。「人間」のパラダイム以降を描く倫理とは、こうした方向からしか生じないだろう。

中心性も固有性ももたない個体のイメージにきわめて近い例を考えてみる。

生物学的にいえば、タマホコリカビという、よくとりあげられる例がある。栄養が豊かな環境では単独で行動し、貧栄養の場面では群生してあたかもひとつの生命体のように集結する。胞子から発芽するが、ときには有性生殖もする。ひとつのものであり多数のものであること。植物であるか動物であるかも区別できないようなもの。タマホコリカビにとって、自己と他者という区分は自明だろうか。生と死をもきちんと示しうるのだろうか。

さまざまなかたちをとるタマホコリカビの、あるべき個体などはどこにもない。変幻自在に姿を変え、自己の単位すら危うく生きるタマホコリカビは、しかしそれぞれが独自な個体、特異な個体である。そこに〈私〉や他者や死という純粋さを設定してしまうのは、すべてが虚妄に近い。純粋で本物であるタマホコリカビを追求することなど、誤りでしかありえない。それは、潜在的に多様なタマホコリカビの、生の力を肯定しない転倒である。

単独でもあり群生でもあり、単性的でも有性的でもあり、植物でもあり動物でもあり、自己でも他者でもあり、さまざまなポテンシャルを含みつつあるハイブリッドな（異質なものが内的に入り込んでいる）もの。そのひとつひとつがまぎれもなくタマホコリカビの個体である。タマホコリカビは、それが生存しうる状況すべてに応じながら、変化を受け入れて生きながらえる。流れのなかを生きつづけ、そのなかで自らを肯定していくもの、それが個体である。

タマホコリカビにとって、倫理とは何だろうか。自己も他者も、植物も動物も、単性性も有性性もともに含むハイブリッドなものにとって、倫理とは何だろうか。

もちろん〈ひと〉はタマホコリカビではない。「人間」のパラダイムが崩壊しても、依然として〈ひと〉は生きつづける。しかし〈ひと〉もまぎれもなく生命である。生命であるかぎり、それはタマホコリカビのようなハイブリッドさをもちあわせ、不定に漂うものでしかありえない。それが、生きぬいていくことの唯物的（＝即物的）な根底であるならばどうなのか。それに、分子生物学以降の諸科学が、生命の多様性や進化を検討するなかで、むしろそうした不定さやハイブリッドさに直面し、そこに逢着《ほうちゃく》せざるをえない状況が露呈されていくならば、それは〈ひと〉の個体の生にとって、どのような意味をもつのだろうか。

生命の政治的思考

こうした側面を、ただ生命的な場面だけをとりあげるのではなく、社会や歴史という方向からも検討しようと試みるならば、それはどう描けるだろうか。

ここでの具体例を考えるときに、フーコーの後期の分析をとりあげることは、やはり理にかなったことであるだろう。とりわけ、言説の分析から、生命という問題系を前面に押しだすことに移行し、そこで当初からもちあわせていたドゥルーズの方向性（ポジティヴィズムとしての思考）に、より具体的な共鳴と絡みあいを実践していく後期のフーコーを参照することは、事柄としても本質的なことであるだろう。『性の歴史』において〈生－政治学〉という権力の新たな図式を示すフーコーは、生命のように流動的な、権力の存立様式を描いていく。

従来の権力論からすれば奇妙なことに、そこでは権力の中心も周縁も設定されることはない。だから抑圧－被抑圧という構図も、権力を語るモデルとしては退けられる。抑圧とは、抑圧に反抗するというポーズをとれば自分が正義であると居直れるものにとって、都合のよい語り方にすぎないとすら述べられる。フーコーにとって、誰かのある行為が、権力側の抑圧的な行為であるか、権力をもたないものの被抑圧的な被害であるか、明確に区別されることはありえない。

あらゆる行為は、幾分かは権力的であり、幾分かは反権力的である。言説を利用し、権力の空間にいる誰もが権力者であり、誰もが非権力者である。

フーコーは『監視と処罰』（邦訳書名は『監獄の誕生』）で〈非行性〉というカテゴリーを記述するが、それは一見、権力に反抗するようにみえながら、実際には権力がもっとも巧みに味方につけるものと描かれる。陣営を鮮明に区分し、敵方を糾弾する倫理が何を導くか、また自らは被抑圧者であると声高に述べる連中が何をしてきたのか、それは前世紀後半の歴史を考えるならば、大きな反省点として浮かび上がってくるはずである。

権力の空間は非人称的であり、中心もなく網の目のように転変する。それはドゥルーズの個体にきわめて近い権力＝力（フランス語ではともに pouvoir）の姿を示してくる。

フーコーがこうした権力を、生命という方向から描くことに注意しなければならない。フーコーが生という表現を使うことには、二つの意味がある。

ひとつにはここで論じられる権力が、死や殺すことというネガティヴな力を発動することから、社会に秩序をもたらす説明を導いてこないということである。

これまで権力は、自分に従属しないものを殺すことを背景とした、いわば上からおさえつけることによって働く力の展開として描かれていた。そこでは、権力の中心がどこかに設定されていて、死や殺すことという否定的なあり方が、社会的な統合力の源泉として利用されていた。こうした思考は、まさに中心－周縁という図式に収まるような、典型的にヒエラルキーを描く支配の構造を示すものといえるだろう。

しかし生－権力において、権力が果たすべきことは、殺さずに生かしつづけることである。そこでは、理論的にも実践的にも、死のなかへと逃避するのではなく、生かしつづけることのなかで力を統御していく、権力＝力の発動の様式が探られるのである。まさにアメーバのように、融通無碍《むげ》にかたちをかえながら細部にまで浸透していく、生命そのものの姿に密着した権力の思考。そこで、多様性、ローカルであること、権力の内在という諸主題が、政治や歴史の具体的事象に即して語りだされることになる。

ついで論じられるべきは、こうして議論を展開するフーコーが、権力を分析する具体的なテーマとしてとりあげるのは、生命の即物的ともいえる姿、その転変していく配置と運動の記述であるということである。生殖としての性、人口（生物的な繁殖性）に関する諸議論、血というテーマから身体とその遺伝的要素へ移行するような、さまざまな視線の転換、それをとりまく医療や教育や建築というシステム、こうした生命・生殖性にまつわる主題の数々が、生－権力を語るときの幅広い主題になっていく。そこでは政治的事象を語るときに、これまで大かがりな舞台装置として使われていた、君主や国家、主権者としての権力者や抵抗勢力、それぞれの意志や意識、こうした中心化の軸となるような装置が有効性をもつことはない。そのように、はっきりと区分され、位置づけが明確になる以前の、多様なかたちをとる力＝権力の動きをおさえること、これが必要になる。

このような記述は、ある意味で、生態学的な政治学とでもいうような色彩を示すだろう。生命が繁殖し、領域を拡大・縮小しながら、それ自身の姿を組み換えていくことに即応するような権力的事象の記述をなしていくこと。そこでは歴史的にも、地理的にも、生態学的な遠近感を駆使して描かれる視線のあり方が要請されていく。そこで時空的に生のさまざまな局面をまさに俯瞰的に横断していくようなヴィジョンが中心に置かれざるをえない。生命のハイブリッドな転変にそのまま応じる動的な視線をもちながら、倫理性について考えること。それは、排除やトラウマ、歴史の傷や罪というネガティヴであることに基づいた概念を利用するのとはまったく異なったかたちで、しかし多様なものや差異そのものに定位して論じられる政治－歴史的な記述の場面を切りひらくだろう。トラウマや抑圧から歴史や政治を語らないこと。しかしそこにおいてこそ、差異の政治学のあるべき姿を描きだしていくこと。フーコーのこうした方向性は、ドゥルーズの論じる個体の倫理の描き方にも、はっきりと結びつくものであるはずだ［註10］。

個体とは偏ったものである

中心的な軸を欠きながら、異種のものともさまざまに結びつく生。そこでは、守ろうとして固執する貧相な自己はない。神経症的に発動させる正義もない。驚嘆すべき他者も神も、他界のヴィジョンも要請されることはない。それ自身が多種多様に、姿を変えながら生きつづけるもの。倫理の議論は、個体を描くこの水準に根ざさなければならない。

見方をかえよう。ひとつひとつの存在がある。〈私〉でもいいし、ひとつひとつの葉でもよい。すでに語ったように、〈私〉やひとつひとつの葉は、それぞれが個体である。だからそれは、いつも特異なものである。特異であることを、まずは肯定しなければならない。特異であるとは、〈私〉やひとつひとつの葉が、つねに唯一無比の存在であることを意味している。しかしひとつひとつの存在は、中心ではない唯一無比である。それは、ひとつひとつが普遍（理念）に属しながら、それぞれに問題を設定し、それぞれに問題を解くものであるから特異な唯一無比である。

正しい問いの解き方はない。本当の〈私〉も、モデルとなる理想の葉もない。そんなものはどこにもない。〈私〉であることそのものが、きまりきった分類からいつも逸れていくからだ。明確な分類を作成し、個体をそこに押し込めてしまうならば（＝つまり個体を分化の水準で描ききるならば）、個体はそのあり方において、そうした分類をいつも溢れかえっていく反乱そのものである。ヒエラルキーを描きだし、そこに定位しようとするならば、個体はいつもそれを崩していき、自らの姿をも組み換えていく。個体とは、予見不可能な生成として、ハイブリッド（それ自身が異他的）であることの肯定そのものであるからだ。

個体とは、揺らぎでしかありえず、不純でしかありえず、偏ったものでしかありえず、幾分かは奇形的なものでしかありえない。揺らぎであり、不純であり、偏っていて、幾分かは奇形であること。だからこそ、世界という問いを担う実質であるもの。それをはじめから、そのままに肯定する倫理を描くことが要求されている。実際にはそれは、生きつづけることの過酷さをあらわにするものでもあるといえるだろう。なぜならばそれは、死の安逸さも、他者による正当化も、正義による開きなおりもありえない、変化しつづける生の流れを肯定するだけの倫理としてしか描けないのだから。

個体論としての生命の倫理。これを論じきるためには、さまざまな仕掛けが必要だろう。以上のように語るだけでは、やはりあまりにスローガン的である。だが、生命や情報が緊急の主題になり、生態系がクローズアップされ、国家を逸脱したグローバリティが問われるいま、つまりはミクロな領域からマクロな領域まで、脳や遺伝子や免疫という生命の領域から、広域のひとの経済社会的活動に到るまで、包括的なシステムとしての視界が要請されるこの時点において、議論を狭い視野に閉じこめないためにも、諸領域を動きまわりながら、しかしあくまでも原則的な言葉を投げつけることは不可避ではないか。それができるのは哲学だけだろう。ドゥルーズの哲学は、こうした方向に縦横無尽に利用されてこそ、その価値がきわだつものではないか。

さいわいなことに、そうした展開は、とりわけ後半生のドゥルーズのテーマでもある。そこでドゥルーズがおこなっていたことを、いまの状況、いまの諸科学、いまの社会のなかで考えること、つまりドゥルーズの試みをわれわれ自身が生きること、それがついでなされるべきことであるはずだ。それが切りひらく広大な領野は、いまを生きる哲学と、そこで語られる倫理に、有効なかたちで折りかさなるに違いない。

第一部註

［1］卵の存在論の展開を軸としたこの本では、一貫してベルクソンの継承者としてのドゥルーズという側面が強調されている。それはもちろん、ドゥルーズの思考を哲学として整理するさいに、不可欠のことであるからだ。しかしあたりまえながら、これだけではドゥ

ルーズの固有性や魅力が一面で抜け落ちてしまうことは否めない。生の哲学の過度な強調は、ドゥルーズの文章につきまとう不毛さや索漠さ、〈器官なき身体〉がもつどうしようもない苛烈さという側面を、表面上は記述から遠ざけるようにもみえるからだ。

そもそも、ドゥルーズのベルクソン評価も単純なものではない。『差異と反復』の強度の議論では、空間性を軽視するベルクソンの姿勢は明確に批判されている。第三の時間へと到るその時間論（第一部Ⅱ-3参照）では、はっきりとベルクソン的な時間（第一の時間と第二の時間）からの離脱が描かれる。『シネマ』もベルクソンの『物質と記憶』の議論を下敷きとするものであるが、〈時間イマージュ〉の議論では、ベルクソン的な立場からニーチェ主義に移行することが明確に述べられる。ベルクソンの「批判的」な継承者である以上、その批判がどこに向けられるのかを考えることは重要である。ベルクソン的な発想を切り捨てることで、ドゥルーズ的な生の唯物論の展開が可能になることも確かなのである。

にもかかわらず、ドゥルーズのベルクソンへの関わりは、生成という主題を追いつづけることから、諸科学との交錯という言説のスタイルも含めて、きわめて強いものでありつづけたともおもう。ベルクソンへの批判も、ベルクソン自身の論理に密着することからなされている事情も、きちんと踏まえるべきである。有機体的な調和性という、ベルクソニスムに残りつづけるスピリチュエルな色彩を、唯物的な苛烈さで置き換えるというステップは、ベルクソニスムからの離反であるとともに、生そのものの狂った基底をあからさまにするという意味で、生の哲学の極限を描くものでもありうるのだから。

[2] 現在という定点を回避すること、これをドゥルーズはさまざまに記述する『意味の論理学』では、身体という〈物の状態〉を欠いたあり方で、意味のパラドックスへと入り込むことが描かれる。ルイス・キャロルをひとつの題材になされるそこでの議論は、定点としての現在を放棄すると世界はどう見えるのか、というテーマ系の展開そのものである。

また『シネマ』でドゥルーズは、〈運動イマージュ〉と〈時間イマージュ〉という二つのイマージュを区分し、映像の歴史が前者から後者へと移行することを論じながら、自分の理論を記述していくが、そこでも同様のことが問われている。すなわち〈運動イマージュ〉とは、身体の感覚-運動系につなぎとめられた、現在の運動のヴァリエーションである。しかし〈時間イマージュ〉においてあらわになるのは、感覚-運動系としての現在を欠き、そこでの結びつきが弛緩《しかん》して、断片のように漂いだす映像である。こうした〈時間イマージュ〉は、イタリアのネオ・レアリズモや日本の小津からはじまり、オーソン・ウエルズやフランスのヌーヴェル・ヴァーグの映画を題材に論じられていく。そこで描かれるのは、感覚-運動的な器官との連携を逃れることにより、光と音とが生成の純粋さそのままにほとばしりでてくる映像の力の解放である。これらの内容は、視点という根拠をもたずに生成に入り込むという、俯瞰が示す事情とただちにかさなりあう。

[3] こうした両者の方向性は、哲学史的背景という方向から考えても、つぎのように対比させることができる。

ドゥルーズの差異は、ベルクソン的な差異化／分化という発想を源泉としている。それは、無限であることの充ち溢れる力が、内的に差異を産出しながら、自らをかたちにしていくあり方をモデルに描かれるのである。こうした着想は、無限の力を否定的には捉えない。逆に無限に直面するがゆえに、そこから溢れでるように何かが産出されることをすくいだし、その理論化を試みるものである。ベルクソン由来のこの概念には、哲学史的に考えれば、はっきりした反ヘーゲル主義が見てとれる（ドゥルーズの差異とは、矛盾も否定性も他性も介在しない、まさにヘーゲル的な舞台装置を利用しない議論を提示している）。

これに対し、デリダの差異（差延）の基本にあるのは、むしろヘーゲル的な弁証法である。その現象学への批判的な適応が、初期デリダの最大のテーマでもあったとすらいえる。つまり、デリダは、現在（＝現前）という有限な場面に無限（実無限）が入り込むことの不可能性を論じ、その否定性（無限が現前することが不可能であること）をバネにして、現前とは別の場所に議論を展開させていく。だから差延を論じることでは、純粋さに対する外部の介在を示すことが重要になる。そこでは、止揚なき弁証法という色彩が強固に感じとれる。

[4] 現状ではこの問題は、Pax-6と名付けられる遺伝子の共有によって捉えられている。

さまざまな眼の形態がつくりだされるのは、それぞれの生命が、Pax-6という遺伝子を共有しているからであるというのである。しかしPax-6という遺伝子を見いだすことは、この問題を理解するひとつの水準であるが、最終的な解決ではありえない。なぜPax-6と名指されるDNAの塩基配列が具体的な眼の形成という意味をもつのか、その配列自身が、どこで、何のために、何に向かって生成したのかは、その配列を物理的な水準で提示するだけで解明されるわけではないからだ。むしろ、Pax-6という遺伝子は、発生進化学に関する問いが形成されるポレミックな場面であるともいえる。

〔5〕こうした出来事を述べる論理については、ドゥルーズは、哲学史的な背景を組み入れながら、つぎのように論じていく。まず出来事とは、いわゆる共通感覚（sens commun）に依拠するものではない。共通感覚とは、多様なもののあいだに共通性を見いだし、異質なものを均質的なあり方に収束させる能力である。しかし出来事は、むしろ共立しえないものの「出会い」のことである。それは両立しえないものを、嚙《か》みあわないままに結びつける逆感覚（para-sens）である。それはパラドックスとしてしか描けないかもしれない。しかしドゥルーズは、こうした働きこそが、問題をたて、何かを学ぶための力であると述べる。穏和な収斂や調和を求める共通感覚は、新しく問題をたて、世界を学びとる力をそぎ落とすだろう。

そして、共立不可能なものを描くひとつの仕方が、副次的矛盾（vice-diction）という、やはりライプニッツからドゥルーズが強引にとりだしてくる論法である。それは、ヘーゲル的な矛盾（contradiction）の論理に真っ向から対立する。矛盾とは、対立（否定的な排除）をエネルギーとして、それを止揚という統合へと導くだろう。しかし、副次的矛盾とは、共立不可能なものの共存をそのまま肯定しながら、その場かぎりでの配置や分配を企てるものである。矛盾は、否定を利用しながら本質に向かう。しかし副次的矛盾は、あくまでも非本質的なもののあいだでの配分にかかわるだけである。それは最終的な解決や、本質的な決定を導くものではない。むしろ非決定性を下敷きにした、状況と偶然に依存するだけの企てなのである。

［6］この過程をドゥルーズは、ここでも言葉遊びの色彩を強くもたせながら、つぎのように整理する。まず理念とは、交錯（perplication）の場面であった。それは無限に折り畳まれた襞（pli）の解きほぐしえない絡みあいのことを指し示している。ついでそれは、巻き込み（implication）という表現を付されていく。それは、未決定的な卵が、適切な問題をたてて、時空的な力動性のなかで襞を内に含みながら、出来事としてうごめいていく場面である。そして、こうしたドラマ化ともいわれる力動的なプロセスをたどりながら、流れである力は、最終的に繰り拡げ（explication）に到ることになる。それは、交錯する襞を外へと繰り拡げるように、潜在的なものが現実化される位相である。つまり、内に含まれた無限である見えない差異化の力が、見えるものである分化されたかたち（種と有機

体の諸部分）へと、外化されていくプロセスである。潜在性が現実化する、こうしたルートを精緻にたどりつくすことが、『差異と反復』後半部の大きなモチーフになっている。それらの諸段階をひとつひとつ丁寧に論じることは、現在のシステム論にとっても、多くの意味があるだろう。それは、ドゥルーズの存在論にとっても〈とりわけ〈強度〉という概念措置をめぐる議論においても〉中心となるべきものである。

［7］このように描かれる個体というテーマは、今日的な問題に引きつけるならば、まさにカオス的な非決定性からの秩序形成のモデルとして描きうるものだろう。しかしそれのみならず、ドゥルーズは、幅広い関心をもって、システムの思考を構想していた。個体のシステム論は、『差異と反復』で素描されているように、生命や進化の領域だけではなく、社会的経済的領域、言語的領域、心的領域のそれぞれで、あるいは文学・芸術システムにおいて、さらに踏み込んだ仕方で、あるいは個別の方法論を獲得しながら論じられるべきである。

［8］ドゥルーズは『意味の論理学』や『シネマ』でも時間を論じている。しかし、『意味の論理学』でのアイオーンの時間、また『シネマ』では〈時間イマージュ〉として描かれる時間とは、基本的に『差異と反復』の第三の時間と深く連関する。アイオーンの時間とは、現在や、現在が構成する時間のあり方を避けながら、過去と未来を駆けめぐる、まさに出来事のパラドックスをもたらす時間である。『シネマ』における〈時間イマージュ〉にお

いては、運動－感覚的な連関が解体され、現在という中心を失うなかで、時間そのものが、結晶や層という非－有機的なあり方で奔出することが描きだされていく。そこで結晶とは、有機的連関をうち砕く力である。また層とは、共立不能なものの同時的存在というパラドックスをあらわすものである。空虚な形式であり、直線であり、結晶であり、地層であるもの。これらは、静態的に記述されながらも、非－有機的に描かれることによりはじめてとりだされる、未来へと向かう力を描いている。

こうした点で、さらに注目すべきことは、『フーコー』のおわりの部分で、ドゥルーズが、ニーチェの超人に言及し、このような非－有機的な力の提示を、時代の要請と結びつけていることである。第三の時間があらわにする非－有機的な時間の姿とは、「人間」の枠組みから解放された力の率直な描写にもかさなりあう。そこでは具体的には、分子生物学によって唯物的に明らかにされる生命の力が、またシリコンのなかで作動する生命（人工生命）が、生成を積極的にあらわにするものとして描かれる。有機化＝習慣化されることに抗する器官なき身体、あるいはシナプスの連鎖でしかない脳も、重要なテーマとして現れてくる。第三の時間は、きわめて理論的に導入されるが、そこには、現在的な生にまつわる諸テーマがもつ、非有機的な力の表出という課題が本質的に絡みあっていることを考えるべきである。

［9］情動に関する時間の議論も、『差異と反復』以外でもさまざまに頻出する。『アンチ・

オイディプス』での〈私は感じる〉という記述は、永劫《えいごう》回帰の主題とともに、歴史上あらゆる名をもつ分裂した主体の姿をありありと描きだす。それはまさに、無限への引き裂かれを生きる個体の例示であるようにも読める。また『シネマ』においては、自己触発＝自己情動としての時間性の議論がなされている。そこでも、時間の議論をベルクソンを超えて――ドゥルーズによればニーチェ主義的に――展開しようとする文脈において現れるがゆえに重要である。さらにいえば、自己触発という主題は、カントからハイデガーをつらぬきながら、現代思想の多くの場面が共有する問題設定でもある。時間と情動にまつわるテーマは、伝統的な哲学やさまざまな現代思想とドゥルーズとを連関させるさいに、多くの仕掛けをはらんだ論点である。

[10] 生命の政治学とフーコー、それとドゥルーズ的な意味での生の哲学とのかかわりは、さらに深く論じられるべきテーマである。初期から中期にいたるフーコーがもっていた、排除の力学（『狂気の歴史』を参照）をめぐるロマンチシズムから、『性の歴史』の〈生－権力論〉へと、フーコー自身の視線が転換する意味を、ドゥルーズとともに問わなければならない。他者や傷、トラウマや取り戻しえないものという、ネガティヴな力による主題設定を避けながら、しかしある種の友愛の共同性や歴史的な議論を原理的に組み立てるフーコーの姿勢も、こうした方向から捉えなおしていくべきである。

第二部

I　マイノリティとテクノロジー

はじめに

この本の第一部では、生命科学の時代におけるドゥルーズの思想を、生の哲学の継承とその乗り越えという観点から、どのようにおさえればいいのかを中心に描いてきた。そこでは、二〇世紀における、言語＝ことばを軸とするさまざまな思想に対置されるものとして、ドゥルーズにおける、生命のポジティヴィズムに光をあててきた。

ポジティヴィズムというのは、肯定主義でも実証主義でもあり、あえていえば一種のオプティミズム＝楽観主義でもあった。それはドゥルーズ哲学の一面にすぎないかもしれない。だが、二〇世紀前半に繁茂した否定性や死を軸としない哲学として、ドゥルーズの思考のある側面に光をあてたのである（第一部ではデリダとの簡潔な対比をおこなったが、

第二部においてはおもな論敵は、二〇世紀前半に活躍した大哲学者であるハイデガーになる。ちなみにこの対比は、デリダが終生フッサールとハイデガーを下敷きにして自己の哲学を生みだしたことを考えれば興味深い)。

もちろんこのことは、ドゥルーズの思考のすべてに該当するわけではない。ドゥルーズは「死」についても、フロイトの用語であるタナトス＝死への欲望をもちい、根幹的な場面であつかいながら、単純な生の哲学の乗り越えを論じている(第一部の時間にかんする議論の「第三の時間」を参照していただきたい)。

また、のちに少し説明するが、後年のドゥルーズは、フェリックス・ガタリという精神科医とともに、政治的な思考にかかわる著作を刊行していく(この本の第二部であつかわれる『千のプラトー』は、両者の共著である)。そこでは、肯定よりも「批判」という側面が強くでてくることになる(精神分析と資本主義という、現在にひきつづく、われわれの生を拘束するものへの批判が、その根幹にある)。

だが、生命の肯定性にかけるドゥルーズの思考は、いつの時期になっても変わることはない。タナトス＝死への欲望の思考も、それを導入することで、生のもつ跳躍と変化の力をひきたてるものである。この本の第一部では、前期の、哲学のテクストに密着していた時期のドゥルーズをあつかったが、政治的文脈から読まれることの多い後期のテクストでも、生命にこだわる方向性はひきつがれていく。

さて、ここで後期のドゥルーズからとりあげてみたい主題は二つある。そのひとつは「テクノロジー」であり、もうひとつは「マイノリティ」である。いずれも二〇世紀後半から二一世紀という時代を、あるいはその時期の哲学思想を考えるときに、外すことのできない主題であるといえる。

テクノロジーの二一世紀

テクノロジーの問題は、とりわけ二〇世紀が「二つ」の「核」の時代であったことから考えても、相当に根深いものがある。物理学のおおきな進展をうけて、二〇世紀は巨大な「核エネルギー」の時代にはいっていった。それは初期には、おもに兵器としての核、すなわち原爆や水爆の核に焦点化された。

だが二〇世紀後半においては、「核の平和利用」といわれる原子力発電がひきおこす災禍が大問題となる。アメリカのスリーマイル島の原発や、旧ソビエト連邦（現ウクライナ）におけるチェルノブイリ原発の事故以降、原子力発電は、その事故が原因になる甚大な環境汚染の観点から疑義にさらされている。いうまでもなく日本でも、東日本大震災の後で、福島の第一原子力発電所でメルトダウンが起こったことがおおきな衝撃を与えた。

これはまさに、二〇世紀以降のテクノロジーのみやすい問題である。

第一部では、二一世紀とは生命科学の時代であるとのべておいた。筆者が前半部を書いた二一世紀初頭に比べ、生命テクノロジーも現在では状況は著しく進展している。iPS細胞に代表される細胞再生にかんする技術の進展は眼をみはるものがある。人間の「生産」が、自然生殖というかたち以外で可能になってすでに数十年は経過しているが、細胞工学の進展は、初期の段階をはるかに超えた「いのち」の操作を、いくらでも可能にしてしまう。

前者の核の問題が、破壊兵器であれ、電力という恩恵であれ、ある種の膨大なエネルギーと、それにともなう放射能のコントロールという問題を人類に突きつけてきて、誰もがそれをどうあつかってよいかわからずたちすくむのと同様に、後者の生命科学の進展は、人間という生き物やそのあり方（家族関係、社会関係、倫理や道徳）にいたるまで、相当に変貌させてしまうポテンシャルを秘めている。しかし、そこで何をすればよいのかは誰にもわからない。

これらの未来に対して、かつての政治的な右派と左派、保守派と革新派のように、鮮明な陣営わけをすることも意味を失ってくる（極右の一派が、左派と類似した環境保護派であるのはある意味わかりやすい交錯である）。とりわけ生命テクノロジーの問題については、人間に深く根づく宗教性も無視しえず、相当に難しい。

析出されるマイノリティ問題

これと同時に、マイノリティの問題も、社会のおおきな主題になってきている。二〇世紀後半において（もちろん現在においても状況はたいして変わらないが）、人種差別、障害者差別、男女差別の問題がおおきなテーマとなった。国際的な人種差別の解体運動、障害者運動やフェミニズム思想がさまざまに提起され、マイノリティの意味、あるいは社会においてマイノリティがもつ意義についてもさまざまに議論された。

二〇世紀における歴史的経緯（とりわけ前半における二つの世界大戦、戦後の冷戦や核戦争の危機、共産主義を標榜した旧ソビエト連邦など「東側」の陣営の解体）を経ながらも、後半においては着々とリベラル勢力、リベラル・デモクラシーが広まっていった。それが差別を解消させる方向性をもっていたことは疑いえない。

しかしリベラル・デモクラシーが「ヨーロッパの白人男性」によって作られたイデオロギーであることも否定できない（「ヨーロッパの白人男性」を中心視しないという規範を、ヨーロッパの白人男性たちが声高にのべ、非ヨーロッパ的世界に強要するという、逆説的な「側面」があることは無視できないのである）。リベラル・デモクラシーは差別を嫌うが、その裏では、それまで「排除」されてきたものを体制の側にうまくくるめとる動きがあることも事実である（それを「包摂」という）。つまりリベラル・デモクラシーは、差別構造を解消しようとするイデオロギーをもち、その実現への道を切り開いたことは確かながら、今度はそれが、人種も障害も性も、あるいは階級も「支配的な何か」へと平準化し、均質化させる装置として働くことにもなるのである。

たとえば二〇一五年前後に国際紛争上おおきな問題となったISIS（イスラム国）が先鋭化された事例であるように、ある時期からのイスラム原理主義の台頭は無視できない現実である。彼ら／彼女らは、まさに西洋デモクラシーのおしつけそのものを拒否する。それは、こうした平等理念自身が、「ヨーロッパへの包摂」ではないかという当然の疑義を顕在化させるからである。

またLGBT運動関係の近年の隆盛も、事態を複雑にしている。LGBT運動（レズビアン・ゲイ・バイセクシュアル・トランスジェンダーなど、男女という方では区分することの困難な性のあり方にかんする政治的な問題提起）は、リベラル・フェミニズムの流れからでてきており、同性愛婚の権利拡張など、まさしくリベラルな方向性をそなえ、西欧諸国を中心に相当の成果をあげつつある。

だがそもそもLBGTは、男女という二分法を懐疑にふし、それを解体していく内容をもつ。それは、男女という二分法に依拠した思考そのものが、LGBTの排除の根幹にあるからである。だがそうであるかぎり、フェミニズムが「女性」を社会的マイノリティであると規定して闘いとってきた成果を、LGBTはなし崩しにする可能性がある。「女性」をアイデンティファイすることをむしろ退けるべきことにしたのだから。

またLGBTの側には、ネオリベラルな資本主義社会に温厚にとりこまれ「消費」されることへの嫌悪感もある（たとえばLGBTに対する積極的な宣伝——統計上、彼ら／彼女らのファッション消費額はそれ以外のひとより多い——は、資本主義がそれを格好のターゲットとみなしているということである）。これらは、リベラル・デモクラシーが、「差別はいけない」あるいは「マイノリティの人たちの声をとりいれて、生きやすい社会を作ろう」と主張すること自身が、そもそもリベラルな包摂構造のなかにマイノリティをとりこみ、その異物性を抹消することに向かうことを示している。だが、後で詳しくのべるように、そこではそもそも誰がマイノリティなのか。そしてマイノリティを、これまでマジョリティだった者が「承認する」こと自身が、欺瞞を含んだものではないのだろうか。こうした問いにはやはり明確な答えはない。

さて、ドゥルーズである。ドゥルーズは以上の問題に対して直接的な答えを提示するわけでもなければ、またそうした問いそのものを思考したわけでもない。しかしながら、後期ドゥルーズの思考のキーワードが「マイナーテクノロジー」や「マイノリティ」であることを踏まえるならば、そこから、このような主題に対する何らかのヒントをみつけうるのではないかとおもえもする。

もちろん哲学者は哲学書しか著さない。そこには現実世界への巧妙な対処法が描かれているわけではない。とはいえ、そこに何がしかの思考の処方箋に通じるものがないともいえないのである。

具体的に、これらとかかわるドゥルーズの思考が明確になるのは、精神科医フェリックス・ガタリとの共著である『アンチ・オイディプス』と『千のプラトー』においてである。この二冊は、「資本主義と分裂症」という副題をもっている（その意味で連続した著作とも解釈できる）。それはこの二冊が、資本主義社会や、精神分析への分析と批判を内容として含んでいることを意味している。

それが、一九七〇年代から八〇年代にわたって書かれたということも重要である。繰り返しになるが、七〇年代から八〇年代というのは、共産主義革命への素朴な希望が、旧ソビエト連邦や中国の実像が明らかになるにつれて消滅し、西側諸国で起こった一九六八年を中心とするスチューデントパワーによる「異議申し立て」が、ほぼ何の成果も生みださずに消滅した後の時代である。そしてこれ以降、ネオリベラリズムにもとづいた資本主義による横暴な経済的世界制覇（現在ではまさにGAFA＝Google, Apple, Facebook, Amazonと呼ばれる巨大プラットフォーム産業が世界の富の多くを占める）が開始されていった。そうした時代背景が、ドゥルーズとガタリの批判の裏側にはある。

本当のことをいえば、こうした政治的な批判は、共著者のガタリによるところがおおきい。とはいえ、ドゥルーズがガタリとの共著で描いているものは、ガタリによる政治的なアジテーションの強さがあるとはいえ、やはり正当な哲学である。この点はやはり強調しておきたい。哲学書には解決法は書かれていない。ただある時代の問題と、それを踏みわける道を、後代の人間がそこに探りうるだけである。

そのような観点から、後半ではとりわけ『千のプラトー』という書物で描かれる事例を軸に議論を進めていこう。

ガタリについての補注

ここで少しだけ、後期ドゥルーズの作品を考えるうえでおおきな影響を与え、また前述したようにいくつかの共著を出版しているフェリックス・ガタリについて触れておく。彼はジャック・ラカン（一九〇一―八一）というフランスの構造主義精神医学を創始した人物に指導をうけ精神科医になり、その後、制度的精神療法を生みだしたジャン・ウリ（一九二四―二〇一四）のもとで精神科医を務めた。その場所は、実験的な解放病棟であるラ・ボルド精神病院である。だが一連の過程でガタリは、『分裂分析的地図作成法』や『三つのエコロジー』などの書物を出版し、政治的な運動にも多くかかわっている。ドゥルーズが、体質の問題もあり、基本的には書斎の人であったのに対し、ガタリはいわばそこに「政治」という「外部」をもちこんだといわれている。両者の共著の様子については、たとえばステファン・ナドー編の『アンチ・オイディプス草稿』や、フランソワ・ドス『ドゥルーズとガタリ交差的評伝』が出版されたりしてだいぶ明らかになっている。しかしいずれにせよ、共著についてはまさに「共著」としてうけとるほかはない。

ガタリについては、いささかの挿話を書き連ねることで、お許しいただきたい。

筆者は二度、彼が活動の本拠地としており、また比較的正統な精神科医として振る舞っていたラ・ボルド精神病院を訪問したことがある。

パリから電車で一時間以上、ブロワの街からさらにタクシーで数十分移動しないと到着できない典型的なフランスの片田舎にあるこの病院には、ジャン・ウリと共著をだしている、マリー・ドュピュセ（一九三五―二〇一七）という女性の作家が、いかなる身分によってなのか、アトリエと称してその一部に住み着いていた（これこそが、ラ・ボルドの精神病院の開放性の一端でもある）。一度目に訪問したときは、物珍しげに見学している日本人（私と、パリ在住の院生たちであった）を何か変わった連中だとおもったのか、懇切丁寧にラ・ボルドを案内してくれたうえに、アトリエに招きいれてはなしをしてくれた。二度目に訪問したときは、精神療法を研究している院生を連れていったため、いささかご迷惑であったかもしれないが突然おしかけるかたちになった。

マリーはガタリのことをフェリックスと呼び、彼がラ・ボルドにいたときのことをきわめて懐かしく語ってくれた。私が最初にラ・ボルドを訪れたのは二〇一三年のことである。ガタリが亡くなってもう二〇年もの歳月を経た時点である。だが、その時でもなお、フェリックスの姿はこの病院、あるいは城とその周辺にある建築物から構成されているこの施設にとって不可欠の存在であるようにみえた。ここで精神科医をしていたガタリは、あれほどの目茶苦茶な文章を書き連ねながらも、ウリの前ではおとなしく粛々と、しかし独自の茶目っ気をもちながら仕事をしていたということである。彼が亡くなった際は、それこそラ・ボルドから火が消えたようであったと、しみじみと語ってくれた。

そしてはなしがドゥルーズにおよぶと、ああ、彼は近くの別荘（そう遠くないところにドゥルーズは別荘を構えていた）からたまにガタリに会いにきたが、精神病者は「とても嫌い」なようで、とりまき連中に囲まれながらさっとあらわれ、急いで帰っただけだったとも（半ば揶揄的に）語っていた。よく知られるように、分裂分析を称揚し、アルトー的な「器官なき身体」を論じながらも、ドゥルーズ自身は、臆病であるという以上に、統合失調症という病そのものに（いわば自らの内面に呼応する）恐怖を感じていたのかもしれない。そこに自分自身であるものの影をみるように。

ガタリはガタリで、そしてドゥルーズはドゥルーズで、こうした振る舞いはよく理解できる。ガタリはウリのもとで一精神科医としてありつづけ、そこでの一種のフラストレーションを解放するかのように、自らへの逃走線としてドゥルーズに多くのアイデアを焚きつけにいったのだろう。そして「分裂病者が怖くてみられない」ドゥルーズこそが、まさに分裂症そのものに対するある種のインスピレーションを、おそらく外側からではなく「内側から」もっていたということも、とてもありうることである。ガタリはそれをうまく焚きつけたともいえるのではないだろうか。二人の共著は、こうしたまったく性格を異にする人物どうしであるがゆえに成り立ったようにもおもえる。

II　自然について――『千のプラトー』

『千のプラトー』と自然

『千のプラトー』という、書物の構成からしても、かなり奇妙な著作を解題することからはじめよう。この書物は、同じガタリとの共著である『アンチ・オイディプス』が、精神分析と人類学の錯綜をきわめた記述をおこなうのにくらべて、いくぶんかシンプルな書物として読めるものである。

すでに記したように『千のプラトー』は、『アンチ・オイディプス』という精神分析批判（精神分析が一種の権力装置として、社会の隅々にまで浸透していくことへの批判）と、それに対抗する分裂分析を論じた著作の続刊として著されたものである。ドゥルーズとガタリが、どのように共著をなしたかについては、これも先にのべたようにさまざまな見方があるが、いずれにせよ「二人で書いた」ということ以上のことを追求するのは、ここでは重要ではない。

ただ、こうした実践そのものが、書物や思考とは個人に帰するものかという、現在でも著作権をめぐってさまざまにおこなわれている問題提起に呼応している点は、やはり強調すべきだろう。「個人」の著作権保護なるものが、思想や芸術の分野において一層強固になる二一世紀以降の時代において――それはネオリベラル社会における「資本主義的商品」の「利得」を確保することにほかならない――そもそも思考や著述は「個人」のものなのかを、実践において疑問視しているのだから。

ただこの二冊の書物をみたとき、両者がかなり異なった雰囲気をそなえていることに気づかされる。

『アンチ・オイディプス』は七〇年代という暗い時代を反映するかのように、精神分析への「批判」という攻撃性が前面に現れてきている。カントの誤謬推論を論述の軸とすることなどは、やはりカントの著作のパロディ的転倒であるとも読める前期の著作『差異と反復』と類似しているが、議論の硬さを感じさせる部分もある。そこで頻出する「欲望する機械」や「器官なき身体」といったタームの理解も、詳細にわたる人類学関連の記述も、読むのにかなり難しい。

それに対して、「リゾーム」という、それ自身独立してまず出版された「マニフェスト」を冒頭に掲載した『千のプラトー』は、そもそも各章といえるものを「プラトー＝高原」とよび、それらを、積みかさねるように記述する仕方に軽妙さがある（プラトーとは、もともと人類学者で生態学者でもあるグレゴリー・ベイトソン〔一九〇四―八〇〕の用語からとったものである）。リゾームとは、主軸なく複合的に絡みあう根茎を意味している。それと同様に、この書物でのそれぞれのプラトーは、いわばどこからでもそこにはいることができ、どこからでもでることができる主題をあつかうものとして描かれている。

この書物の実験性は、同時代のデリダが、やはり常識的に構成された書物自身の解体を目論んで多くの作品（膨大な引用や欄外注記をおこない、どこからどう読んでいいかさえわからない叙述など）を世に問うたのと並行的だといえる。『千のプラトー』も、それぞれのプラトーの内容は、言語、顔、リトルネロ（「リフレイン＝繰り返し」にかんするドゥルーズ＝ガタリの用語）として描かれる音楽論、戦争機械という方向から踏みこまれる国家論（反国家論）、公理系という数学基礎論と関連した資本主義論というように整理することはできる。だが、それぞれのプラトーはそれぞれに完結し、どこを先に読もうが構わない仕組みになっている。哲学書としては具体例にそくしている部分もおおく、音楽や建築など豊かな事例がテーマとされている点も眼をひく。

とはいえ、何といっても注目すべきなのは、プラトーという言葉が「地質学」的な含意から切り離されえないように、この書物が本質的には「自然」を描くということにあるとおもわれる。それは『アンチ・オイディプス』が反−オイディプスの書であるがゆえに、薄暗い人間の内面をまさに陰鬱な機械＝マシーンと描いたことに対比させるように、自然と連関した人間や人間外のものの営みを軽快に記述しているからでもあるだろう。

地質学的な視界

少しはなしがそれるが、構造主義の人類学者でドゥルーズにもおおきな影響を与えたクロード・レヴィ＝ストロース（一九〇八−二〇〇九）は、自身の主著である『神話論理』の第四巻、『裸の人』の冒頭で、ロッキー山脈のむき出しになった地層をとりあげ、そこに人間の神話にまつわる無意識のあり方をかさねあわせている。それは『千のプラトー』と呼応しているように読める。

地層とは、通常はおもてに露出するものではない。しかしながらわれわれの大地はまさに幾多の地層の、それぞれバラバラな堆積から形成されている。そしてときに、ある意味ではきわめて危機的な場面で（地質学的には大地震をともなう地殻変動がその代表的なものだろう。目にみえるのは災禍の痕跡にすぎない）表面に現れてくる。

プラトー＝高原とは、そうした層そのものであるとはいえない。だが問題は、こうした地層が、褶曲《しゅうきょく》や断層を明らかにすることからも、どこかプラトーの記述に類似するようにみえることである（こうした層状組織とその褶曲は、ドゥルーズが『フーコー』という、自らの盟友であったミシェル・フーコーの死に際して刊行した著作で、とりわけよくあつかわれている）。重要であることは、この書物自身が、地質学的年代をもった自然のあり方に深くかかわっていることにある。

高原、大地、地層、それらを構成するものは、国家や言語という人間の秩序を支えつつも、それらよりははるかに長大で、人間的視界を超えた年代性をそなえている。

このことには二つの意味がある。ひとつには、人間の秩序の、ある種の短さや儚さを示すことである。したがって、人間の意識や意識的領域を検討するだけでは、ことは片付かないということを、こうした光景は教えてくれる。

だが同時に地層そのものも、長い時間軸のなかで、褶曲し、露呈され、削られ、変化に晒《さら》されてもいる。かくも強固にみえる大地でさえも、生成変化のただなかにある（いまこの場においてもそうである）。そしてそれは、レヴィ＝ストロースがまさに神話の分析において提示したように、個々人の意識の時間とはまったく異質の長大さをそなえ、そのなかで変形していくのである。
こうした自然のあり方は、人間が文化の秩序と考えるものに、けたぐりのような効果を発揮してくる。たとえば顔が主題化される場面では、通常、顔のテーマがもつ人間的性格が重視され、人格性が強調されるだろう。ところがこの書物では、それは点と線との組みあわせからなる形象性を提示するものとされ、逆にそこから人間的な顔「も」とりだされる仕組みになっている（動物の「顔」や、場合によっては蝶の羽の絵柄もまた巨大な「顔」である）。

さらに、リトルネロにかんするプラトーでは、領土化というテーマが論じられ、そこでは葉っぱをひっくり返し、自らの領域を定めていく鳥の姿が描かれる。領土化は人間の政治性と連関しているが、そもそもそれ自身自然のなかにみいだせることでもある。生物である以上、それが鳥の領土性とかかわらないわけがない。そもそもリトルネロ（リフレインを意味するこの言葉は、イタリア語の音楽用語であるが、ritournelle = retour éternel = 永劫回帰——通常のフランス語では éternel retour——という、第三の時間の総合を描くのに重要であった哲学の用語が、言葉遊びのようにかけられてもいる）もまた、音声的な反復により、ヴォリュームをもった空間のなかに領域を確定するものである（鳥の囀《さえず》りにせよ、獣の叫びにせよ、あるいは海の波音でさえもそうだろう）。だがもちろんその機能は、人間以前からあり、また人間以降もありつづける。

リゾームとして描かれていたイメージも、植物から由来したものである。われわれの無意識も、それが形成する秩序も、いずれもが、植物の根がいくつもの方向に広がりつつ多様なむすびつきを形成し、場合によっては種をも超えた新しい生命を生みだす運動とかさなりあうことがここで示されている。それが人間の政治的意識の根底にないなどといえるのだろうか。

『千のプラトー』におけるテクノロジー

自然と意識とのかかわりを示す諸事例は、『千のプラトー』においては、テクノロジー、とりわけマイノリティとのつながりにおいてみいだされる。

いまではあまり読まれなくなってしまったが、『身ぶりと言葉』（ちくま学芸文庫）などの著作で知られるアンドレ・ルロワ＝グーラン（一九一一―八六）というフランスの自然人類学者がいる。『千のプラトー』では、何箇所かで彼の議論が引用されてもいる。

彼は、人間の知性の発生は、生態系的な進化にしたがって人間が二足歩行をするにいたったことの帰結であり、人間の能力とは、そこで偶然生じた結果以上でも以下でもないと論じたことで有名である。そこでは二足歩行により、脊椎を支える力学的な必然として頭蓋骨の間に隙間ができ、大脳皮質が形成され、言語や国家といった人間に固有にみえる事例が生みだされてきたと主張される。

さらにルロワ＝グーランは、二足歩行の帰結として、手がたんなる前肢ではなく独立した器官となり、さまざまな細工をなすことや、ものを書くことも結果として可能になったとのべている。

つまりサバンナの特定の環境変化で、ある霊長類の集団が「たちあがった」ことが脳の隙間をつくりだし、前肢であった手を自由にしたというのである。知性やテクノロジーは原初的なものであれ高度なものであれ、脳と手という二つの器官が発達しなければ可能になるものではない。

つまりルロワ＝グーランは、人間の知性や、それに依拠するテクノロジーは、人間がそもそも知的な生物であったがゆえに所有しているのではなく、偶然に近い環境的要因が折りかさなって成立しただけだというのである。それは自然が織りなした多くの微細な偶然的変化がもたらした事象にすぎない。

テクノロジーといえば、自然に反する（場合により敵対する）人間だけがもつ特性と考えられがちである。だがこうした環境と生態を貫くルロワ＝グーランの議論は、それにおおきな異議を唱えたものとして読める。テクノロジーもまた、自然が偶然に作用した人間の行為の一部として、自然とのむすびつきが強いものなのである。

ルロワ＝グーランが『千のプラトー』のさまざまな箇所で参照されることは、この本の論点を考えるときに重要である。この書物は、心や言語もふくめ、人間的行為と考えられがちなものもすべて、自然の運動に向かって解消していこうとする側面がある。そこでは、人間に固有のものとみなされがちなテクノロジーについても、その基盤に自然の進化があることが肯定されるのである。

『千のプラトー』におけるマイノリティ

ついで、マイノリティに踏みこんでみよう。マイノリティという概念は、通常は人間社会において、排除や排斥される少数者に対してもちいられるものだろう。社会的な差別や、より強くは暴力ともむすびつくマイノリティの問題は、歴史社会学的な概念として処理されがちである。もちろんそれには一定の理があるだろう。

しかしドゥルーズ＝ガタリは、こうした発想をやはり自然の方へとずらしながら考察していく。

ドゥルーズ＝ガタリが「マイナー文学」という仕方でマイノリティについて論じた『カフカ』という書物がある。そこでは「マイナー言語」がひとつの主題となっている。フランツ・カフカはいうまでもなく二〇世紀の大作家であるが、ユダヤ系の出自であり、現在のチェコ領で生まれ、当時はドイツ語圏であった場所で文筆活動をおこなっていた。そもそも彼自身が多民族的で多言語的な場面に生きていたのである。彼が書いた文学はドイツ語文学といわれるが、彼の言語は「カフカ語」であり、それ以外の何ものでもない。だがそのときに「正当なドイツ語」とは一体何なのだろうか（これはもちろん「政治」の問題でもある）。また、あらゆる個性的な作家が使う言語は、そもそも「カフカ語」のようなもの、つまり通常の言語とおもわれているものに対し、何かの違和や異質さをもたらす言語なのではないか。

ここでのカフカのあり方は、しかし一面ではきわめて生態系的にとらえることも可能である。

ドイツ語圏の現在のチェコの領域にいた、ユダヤ系の作家であるカフカという描き方はきわめて歴史社会的な記述であるようにみえる。しかしこれは、生態系的な言語地図の拡がりとしてとらえることもできるものである。もちろんユダヤ人問題は、二〇世紀に広汎な議論をひきおこした重大な政治問題である。だがその背景には、ユダヤの民が歴史の流れのなかで、悲惨な境遇や、また別の側面では資本主義的な成功を通して、その所在を分散させてきたということがある。そしてある意味では、すべての民族も「移動」するものにほかならない。その「移動」には戦争もあるし、環境への適応もある。ユダヤ人にしても、ディアスポラ（離散）は政治的・宗教的な意義を強くそなえているが、どこに住み着くか、どこで生き延びるかは、経済的活動も含め強く環境依存的であったはずだ。

それはまさに生物としての移動や侵入という方向からとらえられる人間の戦略の成果でもある。そしてその過程で、さまざまな言語話者とぶつかることにより、言語は変化し、マイナー言語が形成されると同時に、比較的優位である言語（カフカの場合はドイツ語）にも逆に相当の影響を与えていく（カフカを欠いた現代ドイツ文学史はありえない）。

これはある植物相が、地理的環境性に依存しながら繁茂したり縮小したり、他の種類と混交したりするのと一面では同じことである。言語は個人が語るものでありながら、それ自身は集団的・集合的なものでしかありえない。だから、カフカ語がマイナー言語のひとつの類型であるとはいえ、そこで語られるものは、生態系的な拡がりのなかにまずあり、そしてカフカという特異な個人を通じて表出されたものである。言語の分類学と、植物や動物の分類学とには、かなりの同型性があるだろう。言語は、社会歴史的な存在であるので、動物や植物の進化よりは「年代」的に「短く」変遷していくだろうが、その類縁性は疑いえない。

こうしてみれば、変化していく事象そのもの、生態系的で生命的な存在そのものは、すべて一面ではマイノリティ性をもつ存在者なのではないか。いかにマジョリティ性を形成するグローバル語とされる英語であっても、世界言語になるやいなや、シンガポール英語、インド英語、アメリカ各地の固有英語そのほかが成立し、それぞれの偏差はどんどんおおきくなる。それ自身が、英語の生成変化である。マジョリティ言語としての英語の正当性は、自らが消し去るものとなる。

マイノリティと生命

もうひとつ別の話題を提示してみてもよい。現在におけるマイノリティの問題といえば、言語や人種性よりも、性というテーマに深くかかわる。すでにのべたように、LGBTはその最適な例であるだろう。そこでは単純に、男性優位社会に対する女性のマイナー性が論じられるのではない。むしろ男性と女性という二分法を採用したことへの、現実的な違和感がさまざまに表明されている。そこでもこうした二分法は、社会が強要するものであるという発想は強い。また確かに男女の役割自身もその区分も、社会的な権力の産物である部分があることは否定できない。

だがLGBTにおいて強く表面化したのは、二つの性が生物学的水準においてそもそも明確には切りわけられないことの方である。『千のプラトー』では、n個の性という概念が提示されている。これがLGBTの議論にただちにかかわるかはさしあたり問わない。しかしそこでとりあげられているのは、生物学的自然における性の多様性そのものである。男女の問題をフェミニズムの視点でとらえるときには、人間の生物学的側面は、生物学的決定論（男女の染色体はホルモンにより決まっており、そのことに何かいっても仕方がないという言説）に連関するがゆえに忌避される傾向があった。

だが、生物としての性の多様なあり方を考えればとてもそうとはいえない。環境に応じて、たちどころに性を変えたり（ある種の魚類はそれが可能である）、そもそも単一の個体とされる生物が両性をそなえていたり（カタツムリはよくあげられる例であるが、そもそも花を咲かせる植物の多くはそうである）、生物における個体と性のあり方は実に多様なのである。

もちろん、人間は性の分化がかなり固定化されているので、ここまでの柔軟性はない。だが人間も、こうした生命体のひとつであると考えれば、かつて自然決定論を敵視していた視点はほぼ無効化される。むしろ自然こそが性的に多様なのであり、自然こそが連続的なのである。そこに排除や厳密な区切りをいれるのは人間の認識であり、人間の社会である。そうであれば、自然はつねに、そもそもマイナーなものにより近いはずである。マイノリティの問題系は、ここでやはり、生物的なものとむすびつかないわけにはいかないのではないか。生命とはそもそも多様体であり、それ以外の何ものでもないのだから。

まとめと展望

少しこれまでの議論をまとめよう。後期のドゥルーズ（＝ガタリ）は、前期の哲学的著作とは異なり、資本主義や政治性に連関する議論を展開している。だが前半の哲学的思考のなかで生命の主題をおおきくもちあげ、そこでの生成変化、非同一性、特異なものの存在、そしてその倫理性を描き切ったことをひきつぎつつ、後期のドゥルーズは、ガタリの協力をうけながら、そうした議論を政治・歴史的分野に拡張していった。

第一部で描かれた生命のイマージュ、つまりいかなる中心も軸もなく、あらゆる方向に連接し、自己同一性をもたないもの、それがあらゆる存在のあり方であるとしたら、資本や社会を語るときにも、やはり同じ方向から論じうるのではないか。だがそのためには、こうした人間的事象をめぐる特殊な仕掛けが必要ではないか。まずは、こうした事情を念頭においたうえで、『千のプラトー』におけるマイナーサイエンスの記述からみていこう。

III　マイナーサイエンス／マイナーテクノロジー

マイナーサイエンスとは何か

おもにガタリとの共著において提示された後期ドゥルーズのおおきなテーマが、テクノロジーとマイノリティであることをのべてきた。ここではこの二つをつなぐという観点から、『千のプラトー』における、「マイナーサイエンス」という事例を検討していきたい。それは『千のプラトー』でのテクノロジー論の基盤となるものである。『千のプラトー』では、とりわけその後半部で、マイノリティとサイエンス、マイノリティとテクノロジーのむすびつきが記述されている。

この時期のドゥルーズは、ノマドロジー（＝遊牧民主義）というタームで代表されるように、国家（専制国家であれ、封建主義国家であれ、ブルジョワ資本主義国家であれ）の解体を、非定住民的なものに託して描き、それを現実的な場面に適用したとおもわれがちである。

それはひとつの読みとして間違いではない。また、ガタリのもたらす強い政治の志向性からみれば、正当なことでもある。

ただし、ドゥルーズ自身は（もちろんガタリもまた）かなり強力な理論的装置をそこに加えている。その理論的装置としてとりあげたいのは、マイナーサイエンスとのべられるものである。そこでドゥルーズは、国家の知であるメジャーサイエンスに対抗するものとしてマイナーサイエンスをとりあげていく。これが、そこで思考されるマイノリティの発想の源泉になっていることに注意すべきである。

いささかこみいったものになるが、こうした事態をもっとも鮮明に示す引用からはじめてみる。

フッサールは、漠然とした、つまり放浪的あるいはノマド的な形態的本質を対象とする原幾何学について語っている。この本質は、感覚的事物と区別されるだけでなく、理念的な、つまり王道的ないし帝国的本質からも区別されるような本質である。そうした漠然とした本質をあつかう科学としての原幾何学は、それ自身もまた放浪的であるという意味で漠然とした科学であるといえよう――つまり、感覚的事物のように不正確ではなく、また理念的本質のように正確でもないが、不正確でしかも厳密（「偶然ではなく本質的に不正確」）な科学であるといえよう。（『千のプラトー』河出文庫下巻、四三―四四頁。ただし訳語は、筆者が適宜変更した部分がある。この点は以下同様）

フッサールが、計量的かつ形相的な固定した本質と区別して、物質的な、しかも漠然とした、つまり流動的で、不正確だが厳密な本質の領域を発見したとき、われわれの考えでは、思考は決定的な一歩を踏みだした。（同書、一二一頁）

ここでは、かなり重要なことが、たたみこむように記述されている。それについては、おいおい話題にする。だが、何よりもこの記述がフッサールに触発されて記されていることは眼をひく（フッサールの記述については『イデーンI－II』みすず書房、三五―三六頁などを参照。そこでは「のこぎりの歯のようにギザギザの」とか「貨幣に見られるように刻み目を入れられた」とか、あるいは「花が樹木の梢のような具合に四方八方に分かれて房状をなして咲く」とかが、漠然とした形態的本質の例としてあげられている。ここでフッサール自身の例が、金属と生物にかかわっていることは示唆的である）。

現象学とドゥルーズの連関はさまざまに想定されるが、おおまかにいえば彼はアンチ現象学の立場をとりつづけた。それはフッサール的な、純粋自我の本質直観によりイデア的なもの（まさにものの本質）を探るという「正当な」学に反して、特異的な「このもの」性をひきたてるものであったからだ。ただひとつの特異なるもの、これが初期ドゥルーズの発想のおおもとにあったことを考えてほしい。

しかしここで着目すべきは、まさにメジャー哲学に分類され、哲学の王道そのものといえるフッサールの記述のただなかに、こうした特異性の探求がかいまみられるということである。ここでフッサールは、のこぎりの歯のギザギザや房状の花の個別性そのものを把握する本質直観を探っているからである。

第一部でもとりあげたライプニッツの例に戻ってみよう。紅葉しているそれぞれの葉、あるいは落葉したそれぞれの葉をみたときに、その葉は、何ひとつとして同一の形状（感性的なあり方）をもってはいない。この非同一性は、感性的といえるかもしれないし、より上位の観念性にむすびつけうるかもしれない。とはいえ、それらは「このもの」として、つまり特異であるそれとしてしか実在しえない。それらの葉のひとつひとつがカエデの葉と分類されるのは根拠があるとしても、やはりそうである。

これについて考えてみるときに、先のフッサールの引用は重要なポイントをついているといえる。

フッサールが、漠然としているが厳密なという形容詞をもちいてのべていることは、事物には本質を規定することに加え、そのひとつひとつの形態的な形成にもそれぞれの理由があるということである。それを『千のプラトー』は評価している。そして王道的な科学といわれるものと（本来、王道科学に親和性の高いフッサールの事例をあえてとりあげ）対比させながら、マイナーサイエンスというタームが導入されていることに留意すべきである。

メジャーサイエンスとマイナーサイエンス

王道科学、あるいはメジャーサイエンスということで何がいわれているのだろうか。そこでは、先の引用の後者にみられる「計量的」という言葉が問題になる。

これについて『千のプラトー』では、「条里空間」と「平滑空間」という言葉がもちいられていることとあわせて考えてみよう。前者は碁盤の目のように、空間を幾何学的なあり方で区切ったものである。それに対して後者の平滑空間は、たとえば砂漠や海のように、一見するとそこでの指標となるものが失われた空間のことである。

その前者は形相的で固定的な測定の対象を指す。後者については、砂漠や海洋がとりあえずはイメージされるだろう。後者はそれ自身として流体的であり、測定における把捉を逃れていく。

いうまでもなく、流体的なものに対する数学はある。ドゥルーズが前期の哲学で生成と微分の思考を連関させたことを想起しよう。流れや変化をとらえるサイエンスは、こうした思考と強いむすびつきをもつ。それゆえ、メジャーサイエンスとマイナーサイエンスとは関連をもたないわけではない。しかし、この両者のあいだには、さしあたり強い分断線がひかれていく。

このことは政治やテクノロジーの問題とダイレクトにかかわってくる。

条里空間とは、条里自身が空間を明確に区分する単位であることからもわかるように、計測が可能な空間である。同時にそれは、区間が適切に管理されることを意味してもいる。それは農業と深いつながりをもつ。国家は、つねに徴税のシステムをそなえている。もちろん徴税は、通行や船舶の通過など、さまざまなものに対してなされてきた。だが、国家の起源と農耕のテクノロジー(氾濫水域の管理そのもの)が切り離しえないように、条里化された空間にもとづいた徴税は国家の最大の基盤でもあった。

その際、「測量」の技術はきわめて重要なものとなる。領土を成立要件とする以上、測量テクノロジーをもたない国家は存在しない。また農業がどこかで「予測」とつながっていることも確かである。収穫高の予測と農耕とは連関しており、そこでは空間のみならず、時間の経過(一年の循環)も条里的区分によって把捉される。メジャーサイエンスが、測定や条里空間と連動し、国家の学でもあることはみやすいことなのである。

それに対して、マイナーサイエンスとされる学は、そもそも予測を逃れるもののテクノロジーをともなう。これについては、『千のプラトー』のなかで、マイナーサイエンスの代表が冶金術であり、ノマド=放牧民が具体的には冶金術師に仮託して語られていることは相当に重要である。

マイナーサイエンスとしての冶金術

マイナーサイエンスの例として、冶金術についてのべてみよう。

冶金術は、特定の集団がそなえている秘密のテクノロジーである。冶金術師は、自らの仕事のために鉱山を必要とする。彼らは鉱脈を探り、移動しつづけなければならない。日本における「たたら師」からも連想されるように、冶金術師は一種の国家とは切り離された集団を形成し知を伝承する。その集団はまさに自然の鉱脈にそって「移動する者」たちであり、その動きは、計画的な土地の配置に拘束される農民とは対照的である。農業が条里化された土地とそこでの予測という仕方で、空間と時間的に計画性をおりこむのとは異なって、彼らはある種の「直観」、まさしく「行為的直観」としかいえないものにしたがって動いていく。どこに鉱脈が存在するのかは、明示的な知としてはわからない。ゴールドディガー（金鉱探索者）たちが一攫千金をもとめて彷徨《さまよ》うように、彼らは計画性というよりは、偶然性に身をまかせる。

とはいえ、彼らは同時に自然の流れにしたがう者でもある。冶金術師の知が固有な者として存在する。それは簡単にいえば、いかなる知であるのか。

それは、普遍を志向する知ではなく、自然のなかに物質として存在するものを、そのままにひきたてる知である。それゆえ、フッサールをひきあいにだした先の引用に戻るならば、この知は、それぞれの地理性、環境性、地質性そのものにそくして提示されるべきである。そこでの対象は、その場その場の「このもの」性を探りだす「漠然としているが厳密な」知であらざるをえない。こうした知のあり方を探ることが必要になる。

さらに重要なのが、冶金術師たちがノマドの典型であるといわれるように、彼らの動きは国家の把捉から逃れている。定住しない、ということは国家的なあり方に原則的に反するものである。その意味でも、彼らの知はマイナーサイエンスでもある。

もちろん、ここでのマイノリティとマジョリティという事態が、まったく対立するかといえばそうではない。冶金術師たちは、自らが精錬した金属を、国家を相手として商売する。国家もまた装飾品として、あるいは武器として、そしてまさに財の流れを形成する貨幣として、マイナーサイエンスの知を享受する。それゆえにそこではつねにある種の共犯関係が生じてくる。マジョリティのないマイノリティはなく、逆もまた然りである。

以上を念頭においたうえで、ドゥルーズがとりだそうとするマイナー性をもう少し掘り下げてみよう。そこでは、ジルベール・シモンドン（一九二四―八九）という哲学者とも関連させながら、「機械状系統流」という、いささか難解なタームが提示される。

機械状系統流――機械について

この書物では、あまり難しい言葉はなるべく省きたいと考えていた。だが、「機械状系統流」というタームについては、ここでのべないわけにはいかない。

まず機械状系統流という術語に含まれる「機械」について考えてみる。

ドゥルーズの思考のおおきな方向性が生命にあることは、すでに第一部でのべておいた。その際にドゥルーズは、いわゆる有機体的な生命ではなく、むしろ無機的なもの、物質的なものによって構成されるものとしての生命を重視していた。そこにはドゥルーズ固有の「唯物主義」がある。

だがここで機械という言葉を使うことには、ガタリとも連関する別の側面がある。それは「構造」に対する「機械」という含意である（ガタリの「機械と構造」『機械状無意識』法政大学出版局所収、という論文はこの点で重要である）。

ドゥルーズ初期の活躍期（六〇年代）には、レヴィ＝ストロースに代表される「構造主義」が世間を席巻していた。それは人間の無意識や、社会や文化、あるいはそれを貫く自然にさえ、内在する構造があり、それが変容転換することでさまざまな事象が形成されるという発想をもっていた。そこでは構造というあり方が重視され、人間の主体性やその統合性は批判され、解体されていった。あたかも有機体的な統合が、無機的なものに解体されるように。

しかし、こうした構造が論じられるたびに問題になることがあった。それは、こうした構造が、たんに静態的で不動のものと想定されがちだからである。フランスの解釈学者で現象学者でもあるポール・リクール（一九一三―二〇〇五）が、レヴィ＝ストロースの思想を「超越論的主体なきカント主義」と批判したことはおおきい。つまり、構造主義は主体を抹消したかもしれないが、悟性のカテゴリーにしたがって世界を認識するカント主義の変形版にすぎないのではというのである。それは、そうした構造主義の構造自身が、なぜそうした所与としてあり、またそれ自身は変化しないのかという問いである。

これに対して、デリダやドゥルーズなど、構造主義とは一線を画した論者たちは、構造の静態性に、生成の動きを加えようとする。ただしそのときに（デリダのテーマであり、ドゥルーズが『差異と反復』で問うていることでもあるが）構造と生成という対によってことをとらえることはない。むしろ重要なのは、構造そのものが出来事であり、また出来事そのものが構造であるということなのである。

この本の第一部では、デリダに対立するドゥルーズのあり方を強調したが、この点において、デリダとドゥルーズは非常に類似した地点にいる。構造自身が動的に生成するのでなければならない。それをどう描くかが問題となるのである。

「機械」は、これに対するひとつの解答になるものである。なぜならば「機械」は構造と同様に、ある動きの整序性を確保しながらも、それ自身がダイナミックに動き、解体され、変形されつづけるものだからだ。

「欲望する機械」や「戦争機械」という言葉に代表されるように、ドゥルーズ＝ガタリの思考には、機械という表現が多用されている。それは一面では、構造主義の構造というあり方を超え、それが「実在する」機械として作用することを示すためなのである。そしてこのことがまさに、ドゥルーズの考えようとしている生命観にかさなることは繰り返すまでもないだろう。

機械状系統流――系統流について

さて、ついで「機械状系統流」ということの、「系統流」(phylum)といういささか聞き慣れない言葉について論じてみよう。

系統流とは、通常では、動物などを分類する際の「門」を意味する言葉である。つまり、動物の進化を考えるさいに、あるおおきな区分において類が分かれるとき、そのそれぞれを名指すものである(ドゥルーズ的な系統流という言葉はそうした進化のイメージでとらえるとわかりやすい)。

「機械状系統流」という言葉は、本質的には、この世界のあらゆるものを把握するために、古代以来もちいられている「質料-形相」モデルとは別の区分を導入しようとするものである(シモンドンとの関連については『個体化の哲学』法政大学出版局、第一章などにおける「質料-形相」批判と、このもの性の称揚を参照のこと)。

「質料-形相」モデルとは、「かたちなき素材」である「質料」と、「ものにかたちを与える」ものである「形相」とをはじめから別々のものとして区分し、後者に強い価値を与えるとらえ方である。そこでは物質はただ、何の意味ももたないものとして存在し、あとから形相としてのかたちがあたえられることになる。

だが「機械状系統流」とは、そうした考えとは異なり、物質が内在的にもつかたちの道筋そのものをとりだすものである。その意味では、先のフッサールの言明はまだ不十分なものであった。それを超えた存在のあり方が、ここで提示されるのである。

議論は先に言及した、フッサールがのべる「漠然とした、非正確だが厳密な」本質、物質の特異性そのものにそくした本質の議論に関連する。

ドゥルーズは以下のように展開していく（同書、一二二頁以降）。フッサールはこうした物質的なものを、感性と本質（感性的なものと悟性的なもの）、事物と概念の「中間的なもの」としてとらえる傾向があった。だがシモンドンは、これだけでは従来からの「質料－形相」モデルにそくした事象のあつかい方しかなしえないと論じる。物質性そのものがもつ法則性のようなものに、まずは注目すべきであると論じられる。

……法則に従属した質料よりもノモスをもつ物質性に、質料に特性をおしつけうる形相よりもさまざまな情動を構成する表現の物質的な特徴にしたがうことが重要である。（同書、一二三―一二四頁）

ここでの物質のノモス（ノモスは通常、法や掟など人為的なものを指すもの）という言葉に着目しよう。物質から何かを作成するときに、技術者＝テクノロジストは、観念を質料に空疎にむすびつけているのではない。あたかも「木のひき割りという操作が木の繊維の波状の変化や歪みといった変化にあわせてなされる」（同書、一二三頁）ように、木を切るプロは物質のもつ潜在的な論理にしたがうことが重要なのである。これは、物質の連続的な変化にそうこと、概念と質料の「中間地帯」に即応することでもある。技術者とは、そうした「中間地帯」にはじめから身をおき、物質そのものがもつロジックをとりだす者なのだが、そこに存在する事例こそが「機械状系統流」である。

もうひとつ引用をみてみよう。

……機械状系統流とは、自然的であり、また人工的であり、そして人工的であると同時に自然的である物質性であり……運動し流れ変化する物質である。（同書、一二四頁）

さらにそこでは、ルロワ＝グーランとも連関させ、「生命の跳躍」（Élan vital）というベルクソン由来の言葉が、こうした機械的系統流のあり方にかさねあわされていく。それはまさに、人間のもつ知的テクノロジーの進化も、物質レヴェルでなされる生命の進化と同じラインのうえに乗るものと主張することである。

ルロワ＝グーランは、技術の進化を生物進化一般のうえに構想する技術の生命論を、もっとも遠くまで推し進めたひとである……（同書、一一二頁）

まとめてみる。ドゥルーズは、フッサールもそれをあつかう個別的で「このもの」でしかない本質をどうにか言葉にしようとする。そしてそれを、主体と客体が、人工と自然とが絡みあう場面におけるテクノロジーと関連させていく。

それは形相と質料、かたちと素材を明確に切りわけたうえで、それらをつなぐ発想でとらえられるものではない。そこでとりだされるべきは、物質のノモス、すなわちもの自身に内在する特性なのである。製作することとは、木のなかに、金属のなかに、自然のなかに内在しているあるラインをひきだし、それを捕まえることである。そのラインこそが機械状系統流である。

それゆえ、まずもって機械状系統流は、本質にそくした分類ではあるが、人工的でもあり自然的でもある。あえていえば、宇宙の進化も、生物の進化も、また人間のもつさまざまな特性の変化も、等しく同じ仕方でとらえうるというコスモロジー的な視線に導かれている。

したがって、機械状系統流はまさに「流れ」という側面をもつ。ルロワ＝グーランがのべたように、自然生態的かつ人類学的な思考が、人間の道具の進化を、その自然の進化の延長上にとらえるように、ここではものに含まれたノモスの自己展開こそが重要なのであり、そのうえに生物としての進化も、また人間の技術の展開もある。

この章のはじめにたち戻ろう。条里に基づき測量するメジャーサイエンスは、「質料－形相」モデルにしたがい、それにより国家の学として成立するものであった。それに対して、マイナーサイエンスとは、ものそのものに内在する道筋のなかでわれわれの生命の流れや認識をとりだし、個々の事例を求めるものである。「行為的直観」にもとづいたこのサイエンスは、領土化も定住化もせず、自然にそって放浪するものが保持するのである(見方を変えれば、それは現代の先端的な生物学がさまざまな生命テクノロジーを駆使しつつ生命のあり方を書き換えることにも通じる。研究者集団は、のちにも記すような徒党集団に似ており、それ自身が良い研究環境を求めて放浪する)。

さて、いささか抽象的な議論がつづいたが、これをもう少し具体的に語ってみよう。そのときに、すでに言及した冶金術や、その対象である金属が、特権的な対象としてとりだされる。

Ⅳ　金属と冶金術師

金属という対象

後期ドゥルーズには、ノマドロジーというイメージが一般的にしみついている。それゆえ、そこでドゥルーズが描きだす範例は、「遊牧民」だとおもわれがちである。確かに遊牧民たちは、かつてのモンゴル帝国のような大国家を生みだすことがあるとはいえ、基本的には国家に逆らい、やすやすと国境を越え彷徨《さまよ》いゆく集団である。それは現在の国家の人為的な国境などいとも簡単にすり抜ける遊牧民たちが実在することからみてもあやまりではない。

だが『千のプラトー』を率直に読むかぎり、そこでまず想定されているノマドとは、遊牧民よりもむしろ、すでに登場している「冶金術師」という、独特ではあるが、かなり古い歴史的淵源をもつテクノロジストたちのことである。

なぜ冶金術師なのか。そこにはさまざまな理由があるだろう。だが、まずもってドゥルーズが冶金術師に着目した理由は、率直にいってそれがあつかう対象が「金属」だからであるといえる。

ここで「金属」がとりあげられる理由は明確である。それは金属が、「機械状系統流」という「存在のあり方」を示す模範的な物質であるからだ。つまりドゥルーズの唯物論とは、金属と山師に代表される唯物論なのである。カンカンと音をたて、生命的なものとはもっとも程遠いようにみえる金属が、ここでは生命的な物質の中心におかれるのである。

どうしてなのか。

その理由は、いくつかあげることができる。

まずはもちろん、金属がそもそも採掘される場所がわからないということがあるだろう。冶金術師は、「放浪すること」をはじめから運命づけられているのである。

金山であれ、銀山であれ、何でもよい。現在の世界でいえば、石油がかつての金属に対応するだろう。その際に、金属をみいだすことは、本質的に国家がなすべきことではない。国家は計画性をもとにするからだ。だがどこに何が埋まっているのかは偶然にしかわからない。

だから鉱物を掘るためには山師たちが、ゴールドディガーたちが必要なのである。彼らはまさに「行為的直観」によって、どこにいかなる鉱物が存在するのかを、自然のあり方にしたがって探りつづける。そこには計画性はない。本当に鉱脈があるのかもわからない。だが、山の住民であり、鉱物のラインを知っている職人たちは、もちろん偶然をうまく手繰り寄せながら、まさにそのあり処を探りあてる。冶金術師たちの暗黙の知は、鉱物があることこそにしたがう知として機能することになる。そうした秘密の知は、鉱物をみいだしたあとでの、精錬の作業にも関連するだろう。純粋な金属の精錬や加工は、それ自身多くのテクノロジー的知を必要とする作業なのである。

金属がなぜ重要なのか

ついで、そこでえられる金属自身を考えよう。

金属ははるか太古より、まさしく貨幣として使用されてきた。

それが近代的な資本主義に連関してくるのは、西洋諸国（近代化の初期のスペインとポルトガル）が東へ西へと移動し、金や銀を採掘していったことからかもしれない。それは近代的植民地主義の開始でもある。とはいうものの、貨幣は多くの時代においても金属と関連をもっていた。

貨幣が金属によって作成されたのは、一般的に金や銀、あるいは銅の耐久性（化学変化の難しさ）ゆえに、それが一種の永続性をもつからだと考えられがちである（すぐ腐敗するものは交換の基準には向かない）。だがそれと同時に、金属自身が「流体的」である点も看過するわけにはいかない。それは、特定の単位ごとに切りわけうる柔軟性をもち、また同時にさまざまな装飾をその表面に彩ることが可能である（先ほどのフッサールの事例に貨幣の模様がでてくることは示唆的である）。

さらにみのがしえないことがある。それは、金属が武器になりうることである。武器も、初期には石やさまざまな素材から作成されただろうが、ある段階から金属製になることで格段の進歩を遂げた。冶金術師のテクノロジーは、刀や手でもつ兵器、より後年になると鉄砲、大砲、爆破兵器、さらには戦車、軍用機、戦艦にいたるまで、すべて金属によって可能となる兵器に欠かせないものである。

冶金術をマイナーテクノロジーと規定する立場からすれば、これは一見矛盾しているように聞こえるかもしれない。ここでの貨幣や兵器はいうまでもなく、「国家」にとって不可欠なものであるからだ。その意味で冶金術師が、国家と裏でつながり、その制約を逃れながらも国家ととりひきしていたことは間違いのないことである。

だが、ドゥルーズの記述をさらにみていくと、いくつもの興味深い事例に遭遇する。金属は確かに「貨幣」として人間の資本の働きの基盤を形成し、武器というかたちでその威力を発揮する。しかしそれは同時に、さまざまな装飾具（貴金属など）に姿を変えもする。そして実は、貨幣にも武器にもさまざまな金属細工がほどこされ、両者の関係は切り離しえない。それはむしろ「芸術品」、しかもとりわけ北方バロック性が強調される、東方の遊牧民から影響をうけた芸術細工でもあるのである。

金属細工についてはつぎのように記されている。

武器は宝飾品と本質的な関係をもつ。……だが金銀細工品は、かつてはかくも「野蛮な」芸術であった、あるいは、それがすぐれて遊牧民の芸術であったと聞くとき、そしてマイナー芸術のあの傑作の数々を目のあたりにするとき、われわれの魂のなかで何かが目覚めるのだ。装飾を施した服の留め金、金銀の小板、数々の宝飾品、それらはすべてが小さな動かしうる物体であるが、たんに運搬しやすいだけでなく、何か動くものに所属してはじめて意味をもつようなものである。（同書、一〇九頁）

単純に考えればわかるように、金属は熱した場合に流体となる。それゆえ金属は物質としては特殊なほどに、さまざまな柔軟性をもち加工が可能になる。だが、一旦加工するとその形態を相当期間保つことが可能となりもする。それゆえ、そのあり方は二重性をもつ。それはまずもってむきだしの流体としての姿をもち、それ自身が遊牧民や冶金術師の人工的な芸術性を誘発する。そしてそれは凝固したものとなり、比較的長きにわたってその姿を変えないのである。

こうしたあり方が、金属が「機械状系統流」の代表であることの最大の理由でもある。このような金属の特性は、最終的に以下のようにまとめられる（下記の引用に登場するヴィルヘルム・ヴォリンガー（一八八一―一九六五）は、ドイツの美学者で、東方遊牧民の影響をうけた北方バロック芸術を、ギリシャ・ラテン由来のそれと区分して評価した。この点はドゥルーズの『感覚の論理学』など後年の芸術論などとも深いかかわりをもっている）。

> 冶金術はマイナーサイエンスそのものであり、「曖昧な」サイエンスあるいは物質の現象学である。非有機的生命という驚嘆すべき観念――ヴォリンガーが北方の蛮族特有の観念と考えたもの――は冶金術の発明であり、直観なのだ。金属はものでもなければ有機体でもなく、器官なき身体なのである。（同書、一二九頁）。

非有機的生命——器官なきものとしての金属

上記の引用を細かくみてみよう。ここではいろいろと驚くべきことが記述されている。冶金術がマイナーサイエンスの代表であるということはよい。だが、『千のプラトー』ではここから「非有機的生命」という概念をとりだしている。そしてそれを、ドゥルーズの思考の初期から現れてきている「器官なき身体」という言葉とむすびつけるのである。冶金術が「非有機的生命」を発明したとはどういうことか。

生命とは一般的には有機体的なものと想定されている。だが、先ほど構造と機械について考えたときにものべたように、後期のドゥルーズは生命を有機体という方向から考えることを徹底して拒絶する。その場合、生命とは人間というある特定の事例から遡及されて考えられたものでしかなくなってしまう。

しかし、ドゥルーズの後期においては、人工生命、シリコンでできた生命、コンピューター・シミュレーションの生命、そしてまさに金属がもつ機械状系統流をたどり作成されるさまざまなテクノロジーの産物が、先にあげたようにエラン・ヴィタルとむすびつけられ、そこに生命の別のあり方をみようとする。人間中心主義的な視線からすればまさに非人間的なもの、非生物的なものを生命ととらえようとするのである。

同時にここで、金属こそが器官なき身体である、と明言されることにも着目されるべきである。

器官なき身体とは、フランスの舞踏家であり作家であり、また分裂病患者として亡くなったアントナン・アルトー（一八九六―一九四八）の用語である。ドゥルーズは初期の『意味の論理学』から、有機体的身体がその分裂的な基底に解体されるとき、そこでみいだされるあり方を器官なき身体と語っていた（精神分析では、ラカンが論じるように、そもそも幼児が生まれたときには身体の統一性はなく身体はバラバラのあり方をもち、これが鏡像段階という自己の動きをみるという事態をへて自我の統合がなされているとされる）。

そして『アンチ・オイディプス』などで、歴史性との連関をガタリとともに探る際には、器官なき身体は歴史性のコード化のなかで、やはりさまざまな事象の根底にあるものとされていた。

ここでは機械状系統流の対象であり、そこからテクノロジーの進化も、非有機的な生命が生じる基底でもある「金属」こそが「器官なき身体」と呼ばれるのである。この両者がむすびつけられていることは、非有機的生命という概念に加え、大変に興味深いことである。

音楽と金属

金属としての機械状系統流の議論は、これ以外にも拡張することができる。そのひとつの例とは、いうまでもなく「音楽」であり、音楽が生みだすリズムである。音楽がどのように発生したかを実証的に確かめることはできない。だがそれを原初の人間が叫びとともに口から発した原始的な「歌」に求めることは可能だろう。だが、音楽を形成するリズムの起源をひもとけば、冶金術師の発するリズムや音が、それに連関するとも考えなければならない。音楽は、器官なき身体である金属が、まさに機械状系統流として、人工と自然の区分なく「進化」したひとつの帰結であるのかもしれない。

『千のプラトー』において音楽が論じられるのは、リトルネロ＝リフレインが語られる場面である。そこでの音楽やリズムのモデルとは、暗闇で不安に苛まれた子供の発する歌であり、同時に鳥たちの囀りである。それは、カオスとしてたち現れる空間に対する領土化的な防御でもある。リズムとは、まったき平滑な空間に印をつける、原初的な行為なのである。

同様に金属細工の「進化」がもたらすおおきな機能は、打楽器にせよ吹奏楽器にせよ、やはり明確なリズムをもった領土性を、時空のなかに生みだしていくことである。リトルネロ＝リフレインは、鳥の囀りや、昆虫たちの音色や、さらには波のゆきかう音と同様に、冶金術師の音のリズムとして、カオスに抗しつつ生存のための空間をつくる手法なのである。

音は、人間間の領土性を形成するだけのものではない。動物の威嚇の音声は、自らの存在を遠くに知らしめる。虫の音は交尾の相手を求めるものである。だがこれらはすべて自然のなせる音楽である。そのリフレインは雷の鳴り響き、驟雨《しゅうう》のたてる土地を叩くような音にまでおよぶと考えるべきだろう。

おそらく人間は、金属をテクノロジー的に獲得することによって、自然に満ち溢れるリズム、自然のなかにある音楽の領域に加えて、さらに固有なリズム性を、金属という物質からひきだしたのである。金属が人間の歴史と生命の歴史、そして非人間の歴史をすべて通過しつつ、音楽をつくりだしたのである。このことは、金属的な生命を論じるとき、金属が貨幣であり、武器であり、装飾であることとともに、無視しえないことである。

V　徒党集団——マイノリティの存在様態

冶金術師と国家

冶金術師たちは、金属とかかわることによって、機械的系統流に連関していた。では、こうした冶金術師は、どのような生を送るのだろうか。

そうした冶金術師たちのあり方は、端的に「徒党集団」と名指される。

とはいえ、冶金術師たちの「徒党集団」のあり方を検討する前に、こうした遊牧民性とは逆の存在、すなわち「国家」について、『千のプラトー』ではどのように描かれていたのかに触れておこう。「徒党集団」は、やはり「国家」に対して、その外部にいる集団の存在様態であるのだから。

さて、国家とは何だろうか。われわれは国民国家という一九世紀に成立した「国」なるものの形態をまずは想起するだろう。それは、領土と主権と人口を必要条件とし、武力をそなえた国家である。ある民族が、あたかも特定の国家に固定して存在しているようなイメージが、そこでは描かれやすい（だがそんなことは、生物学的な観点で血統を考えてみてもかなりの部分が曖昧である）。

しかし国家を発生のおおもとのレヴェルまで遡るならば、それは資本主義と同様に、きわめて古いものだといわざるをえない。

『千のプラトー』では、ジョルジュ・デュメジル（一八九八―一九八六。フランスの神話学者。フーコーにも影響を与えている）がひきあいにだされ、国家はつねに、一方で「王」を、他方で「法」をそなえるとのべられる。国家はこの二つをもって、安定した統治をなすとされるのである。

ところがそうした統治がすべてを覆い尽くすことはない。それにはつねに「外部」がある。『千のプラトー』では、まさに遊牧民や冶金術師たちにそうした「外部」としての位置を与えている。

ではこの二者はどう違うのだろう。ここに『千のプラトー』の重要なタームである「条里空間」と「平滑空間」が連関してくる。

条里空間とは、ここでは将棋にたとえられる。将棋とは、つねに役割が固定化された駒の、指定された動きによってゲームが展開されるものである。「将棋は国家のゲームあるいは宮廷のゲームである……将棋の駒の総体はコード化されていて、各々の駒は……名前と資格をあたえられている」（同書、一五頁）。

それは、「制度化」され、「規則化」され、「コード化」されたものである。それはまた、「ポリス」＝警察・内的な「警備」のことを指しもするだろう。国家がなすことは、おおよそこうしたモデルで描かれる。

これに対して、その外部にあるものは条里にとらわれることはない。そこでは領土のコード化を軸とする陣とり合戦ではなく、陣地の配置を一気に変更させたり、変容させたりする働きこそがみいだされる。これは将棋に対する碁にたとえられる。

「これ〔将棋〕に対して、碁石は……要するに数的単位にすぎず、無名の機能、集団的ないし三人称的機能しかもたない」（同書、一五頁）。「碁においては、開かれた空間のなかに石を配分して空間を保持し、いかなる地点にも出現しうる可能性を維持することが問題となる」（同書、一六頁）というのである。それこそが、平滑空間の出現である。

それに、定住民と遊牧民という対比がかさねあわされる。国家とはその定義上「定住民」からなる。それも当然である。国家においては、人口の把握と土地のコード化が、もっとも中心的な仕事なのである。

その［国家の］機能とは、人間たちに閉ざされた空間を配分し、各人にそれぞれの持分としての部分的空間を指定し、かつそれぞれの部分間の交通を規制することである。（同書、七〇頁）

その意味で、国家にもっとも適合した定住民とは、農耕民であることは明白だろう。農耕民は明らかにある種のテクノロジーを保持している。しかしながら、こうした農耕民があつかう事象とは、徹頭徹尾条里化された国家の自然である。

それに対して遊牧民は平滑空間という開かれた空間を生きるものである。遊牧民は、条里に閉ざされることのない平滑空間を作動させるのである。

……遊牧民の行程は逆に、人間たち（あるいは獣たち）を開かれた空間に配分するのであり、開かれた空間は無限定であり、部分間の交通も存在しない……［そうした配分をもともと示すものとしての］ノモスは、後背地や山腹や都市のまわりの漠然とし

た広がりとして、法すなわちポリスに対立する。（同書、七〇―七一頁）

遊牧民は移民ではない。この書物では、「遊牧民とはむしろ動かないものである」（同書、七一頁）という、歴史学者アーノルド・トインビー（一八八九―一九七五）の言説も重視される。実際には遊牧民も移動するだろう。だがその移動は移民のように、仕事がなくなったがために、ある土地から別の土地へ移動することではない。むしろ、平滑空間を拡張するように生きるテクノロジーをそなえた者たちが遊牧民なのである。それは先の碁の比喩をもちいれば、「いかなる空間」にでも唐突に現れるものを指している。

　では遊牧民的なテクノロジー集団がそなえるこうした組織のあり方を考えることとしよう。それをドゥルーズは「徒党集団」と呼んでいる。徒党こそが、国家組織と異なり、それ自身として「開かれた空間」の成員なのである。

徒党たち

冶金術師たちは「徒党集団」をなす。「徒党」とは、個人でも組織でもない。徒党には主体性があるわけではないが、独自の知と戦略がそなわっている。徒党にはその構成に決まりがないわけではないが、それはどこでも生成し、どこでも解体する。徒党はもちろん国家とつながりをもたないわけではないが、しかし国家は徒党をいつも警戒し、同時に裏でとりひきをなす（政治的にも犯罪的にも危険な集団として）。

こうみれば、徒党こそが、ある種のリゾーム的な群生のもっとも重要なモデルであるようにもみえる。

冶金術師については、日本では「たたら師」の集団をおもい浮かべればいいだろう。それは金属をあつかう山の民として、国家と微妙な関係のもとにあった。また海のリゾームを生きるものは、やはり日本では「水軍」と称される海民集団であった。それは強力な武力集団ではあるが、国家と一定の距離をもちながら、国家と共存していた。

こうした集団は、近世になると、ある種の非合法な暴力団などに、その姿を変えていくだろう。ギャングやマフィアなどは、十分な規律と知をもちながらも、国家に包摂されることはなく、だがつねに国家組織と「つるんで」きた存在なのだから。

第一部でも言及したが、フランスの哲学者ミシェル・フーコーが、『監視と処罰』の最後の部分で描いた「非行者たち」という概念は、『千のプラトー』で描かれる徒党集団以外の何ものでもないとおもわれる。「非行者」は警察＝ポリスに捕まるが、監獄の「壁の中」で横の連携組織をつくりあげる。「非行者」はポリスと「壁の外」とをいききし、ネットワークを構築する。そして当然「国家」は、非行者たちのネットワークそのものを利用し、社会を統制しようとする。両者は区分されつつも裏側でつながっている。

非行者たちはこの意味で、国家的条里組織の内部で裁かれる「不法者」なのではない。法に背くものは、法の裁きを受けることによって、そこから「排除」されるだけのものである。だが非行者たちは、監獄の中と外とをつなぐネットワークを産出し、反ポリス的でありながら、国家にとってダブルエージェントとして機能する。それは「徒党」をある種の側面からみた典型のようにおもえる。

集団であること、群であること

「徒党たち」を描く事例をみてみよう。まずは、ジャック・ムーニエ（一九四一―二〇〇四。フランスの詩人・小説家。南米に数年滞在）の描く、コロンビアのボゴタにおける少年の事例があげられる。それは簡潔にまとめると、つぎのようである。

第一に、少年の集団は窃盗や獲物を手にいれるため暫時集まるのであり、集団自身に目的があるわけではない。ついで、集団には数人同士の仲間がおり、リーダーが何かをとりきめるのではなく、場合によって集団から離脱できる。そして漠然とした年齢制限があって、ある世代になるとそこから抜けていく。

もちろんこれは、冶金術師のように、秘密の知を中心的な軸とする集団とは少し様相が異なるだろう。しかしながらこうした少年達の例には、徒党集団であることのひとつの特徴をみてとりうる。それは、徒党とは群のように自発的に発生し、自発的に解体するということ、そこにはリーダーのような存在がいないわけではないが、統率がとれた集団というよりは、さまざまな内部対立や離脱による変動が前提されること、そして（少年の例では年齢が要因であるが）何かの契機があればあっけなく消滅するということなどである。これは、国家の定住民が法をもち、ある境界画定を絶対的な条件とすることに対して、群れが徹底して対置される動きをなすことを示すものである。それはまさにリゾームのモデルでもあるだろう。

そこではドゥルーズ自身が、初期のプルースト論（『プルーストとシーニュ』）で重視していた、社交界もまた一例としてとりあげられる。社交界を支配するのは横の関係であり、縦の命令ではない。噂や流言、派閥や嫉妬、これらのものが社交界を動きつつ形成するのである。それは人数が限定された集団の一面を示しだす。

こうした集団性を、まさにリゾームそのものとして、植物の群生や、動物の群ともつなげてとらえることは可能だろう。実際、徒党という存在形態は、植物、動物、人間を貫くものでさえある。

徒党集団の非有機性と農耕民の有機性

このように描かれる徒党集団の代表例がまさに冶金術師である。だが、徒党集団としての冶金術師を考えるとき、そこにはある特徴がある。それは、集団のリーダーが重要なのではなく、そこで自然に、つまり物質のノモスに即応することが重要な集団だからである。ここでは、農耕民のあり方と対比させ、以下のように描かれる。

それゆえ職人は物質の流れ、すなわち機械状系統流にしたがうように定められたものとして定義することができるだろう。職人とは移動するもの、放浪するものなのだ。物質の流れにしたがっていくことは移動することであり、放浪することである。それは行為的直観である。(同書、一二五頁)

これに対して、農耕民も季節的な移動をすることがあると反論することもできるだろう。だがそれは、あくまでも決められた土地の範囲内での循環をおこなっているにすぎない。また徒党集団としての職人が、物質の流れにしたがって移動するときに、リーダーがいたとしても、それは特定の人間に帰せられるものではない。そこで働く、集団的ともいえる行為的直観こそが重要なのだ。

……帝国の住人となった農耕民の耕す沖積平野には鉱脈は存在せず、砂漠を横断して山にはいらなければならないし、鉱山の管理にはつねに遊牧民が絡んでいるからだ。あらゆる鉱脈は逃走線であり、平滑空間と通底している――現在は石油をめぐって同じ問題がみられるだろう。(同書、一三〇頁)

ここでは農耕民と徒党集団を形成する職人や冶金術師たちとの明確な対比が語られている。国家の住民である農耕民は、条里化される平野に固執する。だが冶金術師たち、職人たち、マイナーテクノロジーをもつものたちは、土地にこだわることはない。冶金術師は、山の民、海の民、遊牧民と同様に、そして現在では「石油」を例として示唆されているように、国家の制約を越え、鉱脈であるところの逃走線にしたがって移動する。逃走線とは鉱脈のことであり、機械状系統流が示す物質のノモスへの従属であることを考えなければならない。このような集団は、みな徒党として存在する。それは群生的な植物や動物と同様に、集合しては消え、その存在の相はただ変遷するのみである。

ハイデガーとドゥルーズ（＝ガタリ）――テクノロジーと集団

さて、こうした記述の裏には、明示されてはいないものの、ハイデガーへの対抗意識が強くあるのではとおもわれる（「文庫版あとがき」でも記したが、より詳しくいえば、この点について筆者はすでに『ヴィータ・テクニカ　生命と技術の哲学』青土社、第六章で、とりわけ加藤尚武の『ハイデガーの技術論』におけるハイデガー批判を媒介として、そして第七章で、ドゥルーズ的な冶金術集団の上記の説明やその対比に関連させて論じておいた。より仔細にはそちらを参照いただければありがたい）。

テクノロジーは確かにある種の知を必要とするため、特定の集団を形成する。テクノロジーが自然を生きる術であるかぎり、いかなる職業集団においても知を中心にした集団化は必要である。そしてこうした集団の運動は、条里的な面と平滑的な面、つまり定まった計画性を求める方向と、未知のものを探る方向との両面をもつ。このことも確かである。

ただし、この両面のどちらが強力になるかにしたがって、集団はその姿を変えるだろう。冶金術師がその後者であることは明確であり、逆にこれに徹底的に対置されるものは、固定された土地を不可欠とする農民である。前者の冶金術師が『千のプラトー』で重視されるのに対し、農民の生こそを近代テクノロジーに対比させ、クローズアップしたのは、現代ドイツの大哲学者、マルティン・ハイデガーである。

ハイデガーとゲシュテル

ゲシュテル（Ge-stell ハイデガーにおいては、まず組みたてや駆りたてという意味をもつと解されてきた）という、かなり特殊な用語をつかいながらテクノロジーを論じるハイデガーの思想についてここで詳しくはのべられない（上述の拙著を参考にしてほしい）。だがハイデガーの思想はそう難しく考えなくとも、テクノロジーにかんするある常識的な批判的議論を代弁しているものとして読める。

すなわち、近代技術や、それを可能にした近代科学とは、自然の搾取からなりたっており、しかもその程度は度外れて徹底したものだというのがその主張である。ハイデガーが念頭においているのは原子力である。そこでは、本来自然のなかにある人間の姿がみうしなわれ、ひたすら自然をコントロールするあり方がきわだつとされる。近代社会が抱える諸問題も、自然のこうした徹底した搾取によって生じるとのべられる。Ge-stell はまさに、「徴兵」にも通じる言葉なのである。まさに自然に対する搾取と、戦争とを連関させている。Ge-stell こそが問題であるというのだ。

こうした主張は、ドゥルーズやドゥルーズ＝ガタリの自然主義とつながる側面がある点には留意すべきだろう。ドゥルーズもハイデガーと同様に、人間と自然とのあいだに分断線をひき、人間のみが優位性をもつと考える思想を批判し、人間を自然のなかへと解体していくのだから。しかしながら、これらの近代批判——それ自身は正当であるのだが——を先へと展開していくヴィジョンにおいて、両者は対照的な道をとる。

ハイデガーはきわめてわかりやすい農村回帰の主張をなす。ミレーの絵画である『晩鐘』や、ゴッホの絵画に描かれた木靴などをことさらに強調するハイデガーの議論は、農村の生活こそに、自然とむすびついた営為をみてとっている。そこでは風車のなかで自然と暮らす人間の姿がある特定のイメージとして提示される。

しかし、こうしたハイデガーの主張に対して、さまざまな批判をなすことができる。そもそも人間が自然を搾取しコントロールしはじめた最大の契機は、農耕なのではないか。ここで土地は徹底して条里化されはじめることになる。初期文明がそこで明確なかたちをとる国家が、大河の近くで開始されたのは、大規模農業との関係がおおきいことはいうまでもない。そこでは大河川に対する氾濫（肥沃な土をもたらす）のコントロールが、国家によってなされるのである（それを動員するものも国家である）。そうであるかぎり、農業の開始そのものが自然の大規模な搾取である。

またたとえば、前述の加藤尚武が指摘するように、ハイデガーは風車のある光景をノスタルジックな自然とテクノロジーの共生として描いている。だが風車はまさにスペインのドン・キホーテが巨大な敵として攻撃したことからもわかるように、ヨーロッパの自然にとってアラブからやってきた異物そのものであった。それもまた、農村にとって、巨大テクノロジーと自然搾取の新たな仕方の登場であったのである。

確かに風車は、ハイデガーが批判する原子力エネルギーのあり方と、量的な観点からみてまったく異なる（ハイデガーの近代批判が一定の意義をもつのは当然だとおもう）。だが、そうではあれ、自然の搾取を告発する場合、そのどこに線をひくかはやはり重要な問題でありつづける。いずれにせよ、本質的には農耕以降、人間は自然の支配とコントロールをなしつづけているのである。

ハイデガーと『千のプラトー』

これに対するドゥルーズの立場は、確かに自然主義という点でかさなりあうものであった。だが『千のプラトー』が想定する自然とは、流れる金属の自然であり、自然にしたがうのはマイナーサイエンスとしての冶金術師であった。そこではテクノロジーは自然の征服ではなく、むしろ物質のロゴスにしたがうこととされ、人間もまた一種の自然のなかの系統流を探るものとされた。『千のプラトー』は、あくまでも、テクノロジーを自然から切り離しはしない。もちろんテクノロジーの誤用により、人間と自然とが対立することはありうるだろう。だが『千のプラトー』においては、テクノロジー自身が、自然のあり方にしたがうものとされるのである。

絵画を例にとった比較をあえてなしてみよう。ドゥルーズの思考を考えるときには、イタリアの未来派の絵画を想定するのがよいかもしれない。もちろんイタリアの未来派は、ファシズムと関連をもったことで強く批判に晒された。だがそこでの速度と機械の美はある意味で、二〇世紀の生のなかに機械がもたらす新しい光景としてはいりこんでいる。そのスピードと金属性を、それはきわめて強く重視する。航空機やそのスピードは、そもそも境界線を無化するような脱領土化をイメージさせる。また航空機は、まさに金属的なものそのものである。これは、ハイデガーの農村の絵画の称揚とまさに真逆の姿勢である。

ここにおいて、ハイデガーとドゥルーズとのズレは決定的なものとおもわれる。

両者ともに近代批判を繰り広げることは確かである。だがハイデガーはドゥルーズの視点からみれば、最初の自然収奪テクノロジーである農業を、ノスタルジックな自然との共存と錯誤してしまう。だがドゥルーズにとって農業こそが、条里空間のなかのテクノロジーであり、その計画性は時間の条里化そのものである。農耕民は土地に固執するという姿勢をとらざるをえない。ドゥルーズ的にいえば、それこそがまさに国家装置を根本から支えるものである。

これに対して、冶金術師、山の民、海の民、移動する商人、これらがそなえるテクノロジーは、自然の多様性自身にそくするテクノロジーであり、国家に従属しない。そこに農耕民と徒党集団の差異を一番顕著にみることができるだろう。農耕民はその組織そのものが国家によって条里化され、国家という範疇のなかで位置をえる。

徒党集団は、その姿を縦横に変化させ、それ自身を把捉困難にさせる。まさに彼らはアンダーグラウンドな（鉱物探査そのものを地中でおこなう）存在であり、ゴールドディガー（一発の儲けをもくろむ金掘り師たち）なのである。大地の機械的系統流の行為的直観に彼らは賭ける。この点の対比性は顕著である。

ハイデガーが結局は国家主義者であると非難されがちであるのは、彼の農業テクノロジーの過度な重視と、そこへのノスタルジーとが関連しているのではないか。これに対し、ドゥルーズが試みていることは、国家に反し、けっして固有の土地をもたないことにあった。ドゥルーズは自然をも機械ととらえ、なおかつそこにみいだされる非人間的な、あるいは非有機体的な生こそを重視する。そこで機械は相当にコード化された、有機体的な農耕と土地との調和とはまるで異なった方向にラインをひいていく。

もちろん、さまざまな状況が変化する現在、この二分法がそれだけで意味をもつこともない。たとえば現代の徒党集団と考えられる、先端資本主義を担う多国籍企業について、

NPOやNGOのような組織にかんして、確かにそれらが国家的な統制を外れたものであるとはいえ、それらが本当にどこまで遊牧的であるかについては数多くの見解があるに違いない。ネオリベラリズムに連関するこれらは、まさに悪しきノマドである可能性は高い。

われわれの生において、一方では条里的なものに回収される、ハイデガーと農耕民のイメージが確かにある。だが他方には、つねにマイナーなテクノロジーをそなえた群生的な徒党というあり方がある。前者が有機的な自然を強調するのに対して、後者はまさにメタリックな自然の流れこそにすべてをかける。実はこの二つの要素は、いかなる社会にであれ、いかなる人間にであれ、二重にそなわっているともいえる。

前者が条里的であり、国家的なマジョリティを形成するのに対し、後者はつねにマイノリティのあり方とかかわり、われわれの暗い生のなかにすくっている。

ついでそれが、政治的なあり方と、どのようにかかわるかについて検討しよう。

VI マイノリティと政治

マイノリティと生命

この書物の第二部では、『千のプラトー』の記述に依拠しながら、後期ドゥルーズの思想のポイントを列挙してきた。そこでは、マイナーサイエンスがあつかう対象としての「機械状系統流」、そうした知を所有する「冶金術師」、彼らが形成するあり方としての「徒党集団」が強調された。そしてそのなかで「金属」が一貫して、きわめて特異な自然の対象として重視されてきた。

このような事例は、同じ自然をあつかうとはいえ、条里化された土地や、そこでの国家と農耕民が結託した生のあり方とは対極に位置するものとして描かれた。これがノマドの原像をなすことは、先に論じた通りである。

ここからとりだされるもうひとつの対比はマイノリティとマジョリティである。マイノリティがマイナーサイエンスに関連づけられることは明白である。これを政治的諸事象と連関させて考えるには、どのようにすればよいのだろうか。

後期ドゥルーズが「民衆」、それも「来るべき民衆」という言葉を強調したことはよく知られている（『哲学とは何か』）。この時期のドゥルーズには、確かに倫理や政治に接近している部分がある。

もちろん初期のドゥルーズからも、「存在のアナーキー」というように、政治にむすびつく言葉をとりだすことはできる（『差異と反復』）。また一九六八年という特別な「時代」のなかでは、いかんともし難くその時代意識を共有しながらものを書いていたことも事実である。とはいえ、ドゥルーズが政治哲学や民主主義について正面切って何かを語ることは稀である（有名な「管理社会について」『記号と事件』河出文庫所収という、ミシェル・フーコーの生政治学に呼応した文章は、アントニオ・ネグリ〔一九三三―〕との対話の副産物であり、重要ではあるが、それ以上のものではない）。

そうではあれ、ドゥルーズが「生命」を重視するかぎり、やはり倫理や政治をドゥルーズ独自の「生命」の場面にひきもどすことは必要であったはずだ。それは、本書の第一部の最後で描いた、生命の倫理的ヴィジョンの延長でもあるだろう。「群生」である生のあり方を探る『千のプラトー』は、ある意味でそうした方向性からも読みうるのではないか。

そこで問題になるのは、あくまでも「金属の生」「物質の生」である。通常はかみあわない金属や物質と生命とを、ドゥルーズはダイレクトに連関させ、生のあり方をくみかえている。そうであれば、そこでみいだされるわれわれの「生き方」も、これまで想定されてきたものとはかなり様相を変えるはずである。

上記のような議論が「ポストモダンのいい加減な言説」「実証性に乏しい夢想」として処理されてきた経緯もある。実際、ドゥルーズがのべていることを、現実のわれわれの生にただちに適用することには無理があることは確かだろう。ただし、近代として規定される時代が終わり、そのあとの生のかたちが模索されていくなかで、ドゥルーズの論じたことが現在、かなりの拡がりをもったことも確かである。たとえば、近年のカンタン・メイヤスー（一九六七―）らを中心とする思弁的実在論や、あるいは人類学のあらたな流れにおいて、「ものそのものへの回帰」が語られるとき、近代があまりに「人間」や有機体を中心に世界を語っていたことからの転回が確かに試みられているともいえる。ドゥルーズはそれをも超え、有機体中心主義に対する異議申し立てをしているようにもおもえる。

有機体としての生を嫌い、人間独自の国家集団を脇に追いやり、金属的な物質のロゴスにしたがう人間の像を提示したドゥルーズは、確かにこうした従来の思考に対して、別の道筋を示してはいる。それは非人間的な生の倫理、あるいは非有機体的な生の政治とでもいえるかもしれない。それが倫理でありうるか、あるいは政治でありうるかについてはさまざまな異論があるだろう。しかしこうした記述が、どこかで閉塞感をもった時代の突破口を指し示していることも事実ではないか。

マイノリティの政治

さて、マイノリティということを考えてみる。上記の主題を論じるときに、ドゥルーズはよくマイノリティという言葉を利用する。マイノリティについては、すでにマイナーサイエンスという知に連関させて、そのありようを描いておいた。マイノリティとは、条里的な規格化を逃れる形象であり、そうした運動にほかならなかった。

こうして示されるマイノリティを、政治的言説につなげるにはどうしたらよいだろうか。マイノリティといえば、すでにとりあげたように、民族的なマイノリティや言語的なマイノリティの問題、フェミニズムやＬＧＢＴにかかわる運動、身体的あるいは精神的にハンディキャップを負ったひとびとをめぐる課題などが通常は想起される。これらはただちに政治的なものであり、それへの対応が問われるものであることは間違いがない。

だが、『千のプラトー』のこれらへの対応は、われわれが想定するものとは少し異なる。

従来、マイノリティとは、まさにマジョリティによって排除され、その存在がみえにくくされるものと考えられていた。しかしそのとき、マイノリティがとりうる戦略は、マジョリティが占めていた立場に自分の位置を格上げすることであるとまずは考えられる。もちろんこうした戦略が意味をもたないわけではない。人種差別や性差別において、それは健全な社会を構築する、おおきな政治的達成であるといえるからである。

だがこれには、哲学的な疑義が挟みこまれもする。その運動の成果は、結局は自らのマイノリティ性を棄却し、自己をマジョリティの存在にするだけのことではないか。繰り返すが、政治的達成の一段階として、こうした戦略が間違いだとはいえない。それが意味をもつことは数多くあった。だがそれでは、マジョリティとマイノリティという体制そのものは温存され、その内部で変動が生じたにすぎないのではないか。さらにいえば、それは、さらに別のマイノリティを生みだしていくだけの動きではないか。

マジョリティとマイノリティ

ドゥルーズが、マイノリティという言葉で政治についてのべようとしていることは、こうした事態とはまったく異なっている。

マイノリティとは、マジョリティに対して抵抗しつづけるありかたのことである。その際、特定の存在者がマイノリティであるのかマジョリティであるのかを区分して語ることにはあまり意味がない。

ドゥルーズは、国家や、国家に奉仕するサイエンスやそれを遂行する者たちをマジョリティに属しているというだろう。しかしそうしたところで、国家やそれに付随する学問、あるいはまさに国家とむすびつく農業テクノロジーのなかに、マイノリティ性が含まれないはずはない。逆もしかりである。先に例としてとりあげたカフカの言語が、いかにマイノリティの言語であるとはいえ、カフカ語ともいえる独自の言葉遣いが、これだけ世界文学のなかに名声をとどろかせた以上、カフカは（生前の彼にとってその名誉にあずからなかったにせよ）マジョリティに属するともいえる。

それは、この区分の下敷きとしてもちいられている条里空間と平滑空間についてもいえることである。

たとえば海洋は平滑空間の代表例であり、海賊や水軍は「徒党」の代表例とされる。しかしそうではあれ、海洋も現代テクノロジーのなかでは徹底的に条里化され、宇宙からの気象観測システムや温度測定システムによって、そのほとんどが監視と予測のコントロール下におかれている。海洋を移動する船は、かつては国家の管理外のものであったが、現在はきわめて小さな船舶も、また相当深海にいる潜水艦も監視網のなかで捕捉される。だが逆に、いかなる条里空間も、地震や火山の噴火が起これば、一瞬で平滑空間としての姿をあらわにする。地震の際の液状化現象などによる都市空間への砂の噴出は、それこそ平滑性の顕在化である。六八年の学生反乱運動のスローガンさながらに、パリの敷石の下には砂漠が埋まっているのである。

このように、マイノリティとマジョリティという区分そのものが、同じ存在者の位相の違いであるという部分をもってもいる。ドゥルーズにおいては、ある意味ですべてが生命的な個体であるのだから、それがマジョリティに属するというのは、その一側面をみただけのことにすぎない。別の側面からみれば、それはつねにマイノリティ性を含んでいる。

またこうしたマジョリティとマイノリティとの関係には、あるパラドキシカルな部分がある。それについて、まずのべておこう。

マイノリティとは多数である――あるいは数え方の問題

マジョリティとマイノリティにかんしては、少し困惑させるような言明をドゥルーズはおこなっている。それは、マイノリティはつねに多数であるというものである。

世界経済においても政治においても、白人男性がマジョリティであるとよくいわれていた。だが、どう考えても白人男性は、世界の人口の中で少数の存在でしかない。いやそんなことはない、資本をどれだけ握っているか、権力をどれだけ誇示できているか、実際の軍事的暴力をどれほど使えるか（誰が核兵器を利用可能なのか）を考えれば、圧倒的に白人男性が支配的だといえるだろう。それは正当な言明だ。とはいえ、冷静に考えれば、マイナーなものは、実はマジョリティより数において優っている。

あるマイノリティは少数でしかない場合もあるが、おおきな数になり限定されない絶対多数を形成する場合もある。これは左翼といわれる論者さえもが、資本主義への警鐘をならしながら触れていることである。二〇年後には「白人」は世界人口の一二パーセントでしかなくなる……（同書、一二三八頁）

移民社会化が進行する現今の資本主義先進国をみれば、こうしたことはどこでもみられることである。サッカーのワールドカップにおけるフランス代表の多数は、アラブ・アフリカ出自である。かくも閉鎖的な日本社会も、経済を重視するならば、今後膨大な移民社会化がなされるよりほか、生き残る道はない。カリフォルニアでは、不法移民であれ何であれ、スペイン語話者は英語話者より十数年後には多数派になる。その場合、議会や学校教育では、「偉大なるアメリカ」を仕切っていた世界語である「英語」は、いずれ片隅に追いやられるかもしれない。

もちろんマイノリティをLGBTや精神障害者という概念でくくりはじめると、そうはいえなくなるかもしれない。だが、正常と逸脱という図式を行使すると、この世界は実は境界線上にいる人間ばかりであるということも、あながち否定はできなくなる（フーコーが、『狂気の歴史』『性の歴史』などで考察した事例はここで強くきいてくる。フーコーは、近代において生じたのは狂気の「排除」ではなく、狂気を人間の中心に据えることで、そうした狂気の包摂の方から人間の像が描かれることを論じた。そこでの精神分析の一般化は、誰もが性的異常者の一種であるとのべることを可能にしたのである）。誰でも幾分かはLGBTであり、だれでも幾分かは精神に何らかの瑕疵をもっている。それはある意味で、当たり前のことである。

こうしてみれば、マイノリティとはけっして少数ではないのである。むしろ世界をみわたしてみれば、そして人口爆発するアジア・アフリカ圏の人口を考えれば、どう考えても、マイノリティは数が多い。これを、パラドキシカルでなくて何といえばよいのか。

マイノリティとは数にかかわる問題ではない

しかしそもそも、これは数の問題なのかという疑念は当然生じてくる。マジョリティとマイノリティへの「数」のかかわりは、単純ではない。むしろここでは、条里空間という計算可能であるがゆえに支配可能な空間性と、平滑空間というそれに対抗する空間性との違いこそを、みてとるべきではないか。

群衆という集団は、マジョリティが果たす統制に徹底して反するものである。逆にいえば、われわれが増殖した昆虫の群れに原初的な恐れの情動をいだくのは、それがある革命的な破滅を予見させるからではないか。マイノリティの多数性とは、こうした群衆性に類似した「徒党集団」のあり方から特徴づけられるものであり、そこでは数そのものが数えられないものになっているのではないか。

それは、先のドゥルーズの引用が、以下のようにつづけられることからもわかる。

こうしたことをいう者たちは、マジョリティが変わろうとしているとか、変わってしまったとかいうだけでは満足せず、むしろ、数えられないマイノリティが増殖しつつ内部から作用し、マジョリティという概念自体、つまり公理としてのマジョリティを破壊する危険をもっていると警鐘を鳴らすのだ。そして非白人という不思議な概念は、数えられる集合を構成しない。だからマイノリティを定義するのは数ではなく、数に対する内的関係なのである。(同書、二三八頁)

ここでドゥルーズは、公理系という、数学の基礎論(この場面では集合という概念を軸にしている)に由来する言葉を利用し、両者を区分けする。公理系とはドゥルーズにとって、資本主義的な運動を規定するものとしてあつかわれるが、これは少しおいておこう。以上の引用において重要なことは、まさにマイノリティとは、条里化させて数えられるものではないということであり、それがゆえにマジョリティの概念を壊す可能性をもっているということである。

マイノリティは多数であるが、その多数性は数えることができない。数えることにはある単位が不可欠である。だが群れとなるマイノリティは、そのような条里的な単位のうえにのらないものである。

あるマイノリティは、多数でもあれば無数でもありうる……マイノリティとマジョリティの区別とは、マジョリティの場合、数としての内的関係は、無限であれ有限であれ、数えられる集合をなすのに対し、マイノリティの場合は、その要素の数にかかわ

らず、数えられない集合として定義されることである。（同書、二三八頁）

そもそも非白人の数を数えることは可能だろうか。白人がマジョリティであるのは、その集合の要素を明確にできる場合である。しかし非白人とは何か。「数少ないバスク人やコルシカ人」（一般に白人としてカウントされるマジョリティ）は、この場合白人であるのか非白人であるのかわからない。血筋のどこかにアジア・アフリカ系の痕跡がある場合（そしてそれは時代を遡《さかのぼ》れば、ほぼすべての白人がそうなるだろう）、それは白人なのか、そうではないのかわからない。

マジョリティであるかマイノリティであるかは、対象そのものには依存しない。むしろそこでの「数え方」が問題なのである。「数えられる集団」（マジョリティ）とは、ある「公理系」にしたがった集合をなすものであり、「数えられない集団」（マイノリティ）は、そうした「公理系」をすり抜けるものである。

ドゥルーズは、さまざまな場面で「逃走」「逃げること」について語っているが、それはこうした数との関連からも考えられるべきである。「逃走」とは、どこか別の場所にいくことではない（真のノマドは動かないと描かれるように）。それは、公理によって数として規定されるものから、数えられないものになることであり、条里化されない流体的多様性への「逃走」なのである。そして「民衆」とは、この場合の数えられないものそのものである。

だが「公理」とは何であろうか、そしてそれが資本主義ともつ関係とはどのようなものだろうか。これについてはきわめて難しい部分があるので、ここでは簡潔に以下のようにまとめたい。

公理的なものと数えられないもの

資本主義に対するドゥルーズの思考はかなり両義的である。資本主義は、絶対的なコード化である帝国性を解体し、さらには国民国家をも逃れ脱領土化を果たし、資本の「流れ」を形成するものである。そう考えれば、ドゥルーズにおいて「資本主義」は、まさに肯定されるべき側面をもっている。

また『アンチ・オイディプス』も含め、ドゥルーズは原国家について、そして資本主義について、人間が発生してから消滅するその日まで、それが消え去ることはないと考えているようにも読める。

いずれにせよ資本主義自身は、土地とその区画から人間を解放する側面をもつ。そうであれば、これは一面では「逃走線」とかさなりあう。そういう議論がでてきてもおかしくはない。

だがドゥルーズは、これには明確に否定的である。資本主義は、確かに一定の段階にまで、さまざまなものの解体を推し進める。だが資本主義は、資本主義それ自身を解体するところまでいきつくものではない。つねに資本主義はそれ自身が解体される限界の一歩手前で、そのプロセスを停止させるのである。

だがどうして続々と展開・拡大されていく資本主義のプロセスと、こうした停止が共存できるのだろうか。それは、単純な条里をつくるコード化とは異なって、公理系が「同型的に」、ある種の横につながる入れ子構造のような仕組みをつくって、さまざまな領域を包摂する特徴をもつからである。

資本主義と公理系

もともと公理系という言葉は数学の基礎論からとられている。そこでは付加と除去、飽和、そして同型性という数学的な用語がもちいられ、事態が説明される。そこで論じられていることは、おおよそは以下のようなことである。

資本主義は、資本を確かに不定形ともいえる流れとして脱コード化し（国境を無視し、人種を無視し、どこの土地であるかを考慮にいれることなく）、あらゆる領域にその場を拡げていく傾向がある。しかしそれは、まずは同型的なものを「付け加え」たり「除去」したりする。そしてある段階で「飽和」をきたすと、ある種の行き詰まりにいたるのだが、そこでも資本主義はまさに同型的なモデルをつぎつぎと展開させ、領域を逸脱しつつも、同型的なものを拡大させていくのである。

　こうした公理系としての資本主義の強みとは何だろうか。それは、まさしく形式性そのものの適応として、あらゆるものに対して同型性をおしつける能力をもつことである。

　自らと異なるものに、自らと同型的な公理系を包摂させていくかぎり、この作業には終わりがない。そこでは飽和状態に達したときには、資本主義は境界を乗り越え、すでに別の領域へ自己を拡張する作業が進行してしまう。かくして資本主義の公理系は、あらゆるところに、あらゆる地点に、その網の目を張りめぐらすことになる。

　これは単純なコード化とは異なる。むしろ資本主義は脱コード化を遂行するなかで、同型的なものへと流れをおとしこむ力を発揮するからである。それはいわば、条里空間を多重化したモデルともとらえうる。そこで条里空間は、農村社会のようなコードに満ちた空間のあり方を逃れつつも、資本主義が果たす公理化の働きにより、資本の流れに対しても、同型的なものを適用させ、その鋳型をおしつけつづけて、流れを数えられるものにしていくのである。

公理系と多孔空間

まとめよう。資本主義の公理系とは、それ自身として、数えられるものを形成するものであった。それは同型性の無限増殖であるともいえる。マイノリティが数えられないというとき、そこではこうした資本主義の公理系から「逃れる」ものについてのべられているのである。それは、多重化された条里空間を逃れさる群集の力である。それゆえ、真の革命の群衆のように、どこからともなくはいりこむ移民のように、その同型性を逃れたとき、マイノリティは数えられない数となり、公理系をもちいる資本主義への脅威となる。その多数性とは、数えることそのものを攪乱するからだ。

『千のプラトー』における、冶金術師にかんする記述の最後の場面で、ドゥルーズが、エイゼンシュテイン(一八九八—一九四八。旧ソビエト連邦の映画監督)の映画の一部の映像をさし挟み、「多孔空間」のイメージを示したことも考慮すべきだろう。そこには、いかなるところにも開く穴がある。ひとは公理化された場面においても、こうした多孔的な穴をもち様々なものに変化できる。そこで人間の数は数えられない。それはひとりでありつつも多数であり、多数であると同時にひとりである。私は正常者のマジョリティであるかもしれず、だが同時に異常者であるかもしれない。私は男性であるが、ある側面では女性であるかもしれない。公理系を超える群れの力と、その数えることの不可能性が、ここでは鍵となる。

最後の結論として、こうした事態をもう少し具体化させてのべてみよう。

結論　生命の政治倫理学へ

Be foolish!

ドゥルーズをめぐっては数年前から、ドゥルーズ・スタディーズ（その後ドゥルーズ＝ガタリ・スタディーズに変更）という国際誌が刊行され、世界各地で国際大会が開かれている（ちなみにアジア版の大会もあり、二〇一四年には筆者がオーガナイザーになり、大阪大学で開催した。また二〇一九年には東京大学で開催された）。個人的にこの学会に最初に参加したのは、二〇一二年のことであり、アメリカのニューオリンズで開かれた大会においてであった。

あくまでもアングロサクソン形式（公用語は英語、ジャーナルはエジンバラ大学出版）にこだわるこの学会に、フランス派としての違和感を感じないわけもなく、またそういう意見も数多いのであるが（フランスからの参加者はそう多くはない）、フーコーやデリダがそうであるように、ドゥルーズもまた英語という、まさしくグローバル言語のなかで咀嚼され、異なった文脈へと接続されているという現状は、それ自身として悪いことではない。

ドゥルーズは、喧騒の六〇年代がもたらした産物とおもわれがちだが、第一部で細かく論じたように、一面では正当に近代思想の嫡子である。それは現代風のスタイルをとりながらも、ライプニッツやカント、アルフレッド・ノース・ホワイトヘッド（一八六一―一九四七）やベルクソンを、批判しながらも継ぎつづけている。

これに対してアングロサクソンは、その経験論的伝統と、新大陸の気風で、いわば伝統を片目でみやりながらも、平然とそれを裏切っていく。フーコーやデリダも、もちろん資本主義社会の中心であるアメリカに対する批判的視座を失うことなく、アングロサクソンのそうした気風への愛好をもちあわせている。フーコーは自身がゲイであったことも含め、カリフォルニアの自由な社会（フランスはやはりカトリック圏であり、その道徳的感情は重いものがある）への憧れがあった。またデリダの文芸批評や政治論は、アメリカの文脈でよく受容された。そしてドゥルーズも、最初期のヒューム論、代表作のひとつである『意味の論理学』のルイス・キャロルの援用、そして後年の著作『シネマ』でのパースへの参照にいたるまで、アングロサクソン的な思考との親和性をあらわにしている。これらを念頭におくならば、アングロサクソンとドゥルーズというのは案外面白いテーマなのである。

ニューオリンズ大会は、六月後半であったとはいえ、すでに真夏の様相をしめしていたテュレーン大学で開催され、私は実は人生四八年目にしてはじめて（内心、一生行きたくないともおもっていた）アメリカ合衆国に足を踏みいれ、地方であれアメリカの大学の巨大さに圧倒されることになる。だが、そこで何を驚いたかといえば、その最終講演である。

その学会では、ドゥルーズにかんする入門書の著者でもある（邦訳もある）クレア・コールブルックがトリであった。彼女の講演は、実に素直に、『千のプラトー』の「女性になること……」を強く批判し（ドゥルーズは、潜在性という知覚しえないものの領域を、「女性になる」ということと、一面ではかさねあわせている）、「女性などになるな、狂人になれ（be foolish）」と連呼したのであった。

いかにものことであるが、すでに第三世代フェミニズムの影響を通過しているコールブルックの世代にとって、「女性」というアイデンティティ自身が疑わしいものになっている。そこでは「女性」という対象がいかに「マイナー」なものであれ、それが「同一のもの」としてアイデンティファイされることは決定的に退けられるべきである。その精神はきわめて健全だといえるし、それがドゥルーズの記述を「揶揄《やゆ》」する仕方でなされていること自身、逆説的ではあるが非常にドゥルーズ的な姿勢にみえた。

こうしたコールブルックの発言に、性的マイノリティにかんする関心が、フェミニズムからクィア・スタディーズへと移行しただけで、かつての六〇年代の運動とさして変わらないとのべることもできるだろう。また逆に、それとは別の運動があらわれている兆候をここにかぎつけることも可能かもしれない。それはいずれも間違いではない。だが、ここではやはり、マイノリティの対象が「女性」から、男女の区分自身を疑問視する「クィア」へと移行したことが問題なのではないととらえたい。それよりも、マイノリティであることをのべる意義が、あるいはそれを政治や倫理の場面で示すあり方が、ここでおおきく変容したととらえるべきではないか。

それをBe foolishという言葉でまとめることは、いかにも素朴かもしれない。しかし狂うということの内容を考えるならば、それは、この世のあり方の常識に、ある絶対的な差異をもたらすことを肯定するひとつの表現であることは確かである。時間論における永劫回帰の時間、直線の時間は、それ自身狂った時間であったことを想起しよう。それは「何か」を目指しているのではない。何かの成就を想定しているのでもない。二〇世紀の歴史のなかで、近代的な革命史の展開において、「ユートピア」を求める運動はことごとく失敗し、むしろ劣悪きわまりない帰結しか示さなかった。狂うということ以外、この段階では何もいえないことも事実なのである。だがそれは、逆説的にもこの世界に対する徹底的な肯定性を示すことではないのか。

生命というマイノリティ

少しおさらいをしておきたい。

『千のプラトー』では、マイノリティに強い関心が向けられていた。そこでは何よりも、マイノリティである存在をどう提示するか（機械状系統流や、金属という対象）や、それらを生きる者たちはどういうものか（冶金術師たち）、それらのあり方とはいかなることか（「徒党集団」であること）が浮きぼりにされていた。

こうしたなかで、初期のドゥルーズの議論と同様に、ある種の生命のあり方が、有機体的に作動する国家に抗する、非有機的（非統合的）なものとして強く提示された。金属の生命、あるいはシリコンのなかの生命という表現は、それ自身としては確かに聞きなれないものである。だがそれは、有機体である生命とは別種の生のあり方を示し、マジョリティとは異なった潜在的な力を析出するための表現であるといえる。

ドゥルーズが「器官なき身体」＝CsOと描くものは、ひとことでは説明できない含意をもつが、一面では金属のこととされていた（同書、一二九頁）。それは、金属それ自身が有機的な生の根底にあり、有機体的な生からみればまさに無底の異物であると解されうるためだろう。それに対しては、本当に「狂う」ことしか対応ができない唯物性がそこで露呈されている。

さて、ここまではまさしく哲学的な議論であるといえる。さらにいえば、この書物の第一部で提示した生命のポジティヴィズムが、別の角度から表現されているといえる。

第一部の最後で、タマホコリカビの例によって示したように、リゾームとはまさに縦横無尽にそのあり方を変化させ、さまざまなものと連関する個体の姿にかさなりあっていた。金属と生命との関連づけは一見すると突飛だが、ドゥルーズがとりあげる金属細工や資本の流れ（まさに金属でつくられた貨幣の流れ）、そして音楽とリズムという生命にとって根幹的な要素が、一面で冶金術師たちに由来することを考慮するならば、それはけっしておかしなことではない。資本の流れや音楽に典型的であるように、金属はそれ自身が生命的であり、熟達したテクノロジーのなかでとりだされる。そもそも金属は破片として、この大地の下に、さまざまなかたちで埋めこまれているのである。

そして、金属をあつかうテクノロジー集団の「徒党性」は、まさにリゾームそのものだ。徒党集団にはリーダーはいるかもしれない。徒党がある儀礼性や秘儀を抱えこむものであればあるほど、それは準国家的な組織にもみえるだろう。ただしそれは、国家的なシステムに反するヴェクトルを失うことはない。群れとして集い、運動のなかで共同し、しかし離反し消えていく。これがまさに「徒党集団」の特徴そのものなのである。

徒党集団は、タマホコリカビに似ている。そしてわれわれはいつでも、公式の集団に(国家に、市民社会に、職場に、学校に)属しながら、そこからずれる別の横断的徒党集団に属してもいる。そこでのわれわれは多数かもしれないし、少数かもしれない。極端にいえばひとりかもしれない。ひとりが多数であり、多数がひとりであるかもしれない。それこそが一面でのリアリティーではないだろうか。

そうした集団性は、まさに「数える」ことができないものである。それ自身が知覚することを逃れるあり方としてうごめいている。

メジャーなテクノロジーは、さまざまな仕方でこれをおさえこもうと試みるだろう。だが、国家の知であるメジャーサイエンスが果たす測定や予測は、つねにとらえ損ねるだけである。

それに対してマイナーサイエンスは、測定しえない事態によりそい、予測できないものをあつかうのである。まさに冶金術師たちが「行為的直観」によって、どこに鉱脈が埋まっているかを探査するように。優秀な海洋集団が、地図もなく世界全体を駆け回り、国境を無視して移動するように。

物質のノモスにしたがうことが、マイナーテクノロジーの本領である。そして、こうしたマイナーテクノロジーに支えられるものが、マイノリティの政治であるべきである。マイノリティの政治は、それ自身、マジョリティの政治のように覇権をとることを目指さない。それは、封建的な政治も、公理をもちいて流れを統御する資本主義をも根底から瓦解させていくのみである。

タマホコリカビと対比させるならば、それは密かに地下で土台を突き崩す菌類や、小さな羽虫に類似しているかもしれない。それはひとつひとつでは細かすぎて知覚することができない。しかし集団として巨大建造物を切り崩し、流動化させ、別の姿に変容させていくこともある。誰にもみえない仕方で建築物を破壊する。そして忘却してはならないのは、われわれの身体も、意識も、まさにその生の下層に達したとき、必ずこうしたマイノリティ性をあらわにするという事実である。

生命をとらえる知はマイナーな知である。そうであるかぎり、非有機的な、いわば非人間的な生命の政治学という、矛盾にみちた何ものかを成立させるものは、資本のなす公理化に逆らうマイノリティの運動であるほかはない。

公理化への反抗

ドゥルーズがこのラインから政治を語るときに興味深いのは、彼がけっしてテクノロジーを否定しないことである。それどころか、ここで重要であることは、メジャーテクノロジーのなかにマイナーテクノロジーをどのようにくみこむかなのである。この点の重要性は、繰り返しても繰り返しすぎることはない。そもそも人間がこの世に生じたときから、人間は資本主義的動物であり、またテクノロジー的動物であった。それを前提としたマジョリティとマイノリティの対立が問われているのである。

『千のプラトー』の第一三プラトーの最終部分は、システムによって接合されることと、さまざまな逃走線にしたがってシステムから逃れることが「同時に」生じることが描かれる。そこでは、さまざまなテクノロジーが、それへの生成変化として提示されていく。「ラジオになること」「エレクトロニクスになること」「分子的なものになること」などが描かれる（同書、二四四頁）。現代のハイパーテクノロジーは、過去のマイナーテクノロジーの系譜をひきついでいる。こうしたマイナーテクノロジーをどうマイノリティの運動につなげるのかが問われるのである。

ここでドゥルーズはヴァルター・ベンヤミン（一八九二―一九四〇）をおもわせる次の言葉を提示している（ベンヤミンは『複製芸術論』の末尾で「［政治の耽美主義化を進め

る」ファシズムに対して、コミュニズムは芸術の政治化をもって答える」と描いていた)。

すべての闘争は、公理系による接合に対して、革命的連結を構築するのである。(同書、二四五頁)

「接合」ではない「連結」、この連結は、まさにリゾーム状に広がる、さまざまなものとの組みあわせを具現化することにほかならない。まさに「公理」系が同型的なものを増殖させることとしての接合であったのに対し、連結は異質なものを生みだすことであり、これ自身はまさに政治そのものにつながっていく。

だがこうした「革命的連結」を示すにはどうしたらいいのだろうか。それは Be foolish としてしか表現しえないものなのだろうか。それはあまりに真正面すぎるのではないか。

革命の不可能性とアイロニー

これにかんしては、よくインターネットに流れている、今の若い人にはすでに歴史的な事例でしかない旧ソビエト連邦の、体制風刺的な小話(アネクドート)をとりあげてみたい。スターリンが有能な人間は危ないから全て排除せよといったら、「あなた以外の周りの人間は全員粛清されてしまいますよ。あなたは別ですが」といわれるとか、ブレジネフ（八〇年代の旧ソビエト共産党書記長）はバカだといって捕まった人間の罪状が「国家最高機密の漏洩だ」といわれるなど、たわいないものであるが、この種の権力者に対して「斜めに」揶揄する抵抗形態はさまざまに存在する。

フランスでも日本でも、かつては遵法ストというものがあった。パリでも一時「パリ中のあらゆる車が完全に交通法規を守り、一キロも制限速度を超過することなく運転する」という事例があった。もちろんそれでは交通は完全に麻痺し、経済は動かなくなる。だが誰も法を犯していない。

すでに明らかなように、マイノリティの運動は、一面では Be foolish にしかなりえないともいえる。しかし上記の事例は、foolish とダイレクトにいうには気が利いている。ドゥルーズにおいても、こうした事例が強調される。それはどうしてなのか。

こうした事例を提示することには二つの意義があるとおもう。

ひとつは大文字の革命の不可能性の提示である（旧ソビエト連邦は崩壊したとはいっても西側資本主義国がもうひとつ形成されただけである）。

そしてもうひとつはこうしたアイロニーがもつ独自の政治的位相である。

近代以降の欧米（ヨーロッパ）諸国、とりわけフランスは革命の国であった。確かに封建社会からブルジョワ社会へ（フランス革命）、ブルジョワ社会から社会主義・共産主義社会へ（瞬時に終わったパリ・コミューンからロシア革命まで）という体制変革の動きはあった。だが、条里と平滑、資本の動きというドゥルーズ的な観点からみれば、それぞれの革命は当然の意義をもちながらも大枠で何かを変化させたわけではない（そして実在した共産主義国家は、最低の抑圧国家でしかなかったということが、彼らの政治的思考の出発点でさえあるだろう）。ドゥルーズは人間がいるかぎり、けっして資本主義は消え去らないだろうし、国家という形態は残るだろうと考えているふしがある。

もはやこの世界が転覆される革命のプログラムには価値をみいださない。そしてそれが可能だとも考えない。さらにいえば、各種の権利獲得運動に当然の賛意は示すものの、それが資本の公理の働きにのり、マジョリティの側に参与するだけのことならば、それを革命的連結と呼ぶこともない。

ではどうしろというのだろうか。あの威勢のよい「すべての闘争は、公理系による接合に対して、革命的連結を構築するのである」という文言は、結局は具体性を欠く空文句なのだろうか。

先の旧ソビエト連邦のアネクドートに戻る。権力者への、裏読み的な意味をこめた皮肉は世界中どこでも、あらゆる組織内にあるだろう。こうした言語行為は、実際にはただの不平不満のガス抜きではなく、まさに条里では把捉できない下部からの、体制への批判を集約したものでもある。ドゥルーズが初期より、アイロニーやユーモアに多大なる意味をこめていたことを忘れてはならない。それどころか、何が革命か、何が抵抗かを考えるとき、これはおおきな意味をもつ。

さらにいえばこれは、やはりドゥルーズの根本問題である生物の問題にかかわる。生物の奇形や変形、あるいは進化と退化はどう区分されるのか。地球環境が激変し、さまざまな状態において生き延びる生物にとって、実際にはマイノリティ（奇形・変形）もマジョリティ（進化・退化）も明確に区分することはできない。それどころか、天変地異が起きれば、環境に過剰適応した生物は環境の激変に耐えられず、マイナーにひっそりとくらしていた生物がこの世の主役になる。

それでは普通の革命ではないか、といわれるかもしれない。だがそれは違う。この文章でも先に少し名前をだしたルロワ＝グーランが以下のようにのべているのは示唆的である。つまり、人間がある方向に特別に進化した生物であることは確かだが、人間とまったく異なる方向で完璧に生き抜いているエレガントな生物もいる。たとえばクラゲがそれである。クラゲは海中を漂うのにほぼ完璧な身体構造をもち、環境によって柔軟に姿をかえ、人間よりはるかに後にまで生き残るだろう。それがそなえる知性は、もちろん人間の基準での知性とは異なる。

しかし、ルロワ＝グーランにとって、クラゲと人間とのいずれが知的かという問いは意味をなさない。そんな見方は捨て去るべきだ。むしろわれわれのうちに含まれるクラゲ性を考えること。Be jellyfish! それこそが、よりドゥルーズ的な革命的連帯であるようにおもえる。

連結のひとつのあり方

それと関連するかもしれないある話題をとりあげて、この問題に見通しをつけたい。この例は、ある年の一年生向けセミナーで、文学部の「インド哲学志望です」といっていた学生が発表したものを、私自身が触発をうけてモディファイしたものである（ちなみに彼は、三〇分に一回は差別用語・放送禁止用語を自ら口にすることを義務にしているということである。それは現在の管理社会での差別用語の禁止は、自分の内面になる差別意識を覆い隠し、一切の問題解決を妨げるものであるので、自分はそうして心のなかにすくう差別意識をごまかすことなく自覚することにしているということであった。仏教をやりたいというのでよくわかるが、こういう学生と出会えるのは大学教員にとって僥倖《ぎょうこう》である）。

さて、彼があつかったのはＮＨＫのＥテレでの、障害者関連番組「バリバラ」での、ある脳性麻痺のコンビの映像であった。前提としていっておけば、日本のテレビは八〇年代までは、それこそ放送禁止コードがゆるく、露骨な障害者差別とうけとられかねないお笑い芸人の芸（障害者の真似をして笑いをとるというもの）があった。それは現在では放送コードにひっかかり、差別的として放送禁止になっている。

ところがEテレのバリバラの企画は、脳性麻痺のコンビ（脳性マヒブラザーズの二人）が、自分たちでプロのお笑い芸人になりたい、それで自分たちの障害を自分たちでネタにして笑いをとりたいというものである。自分たちの特性を、「自ら」差別ととらえるのではなく、その特性を「逆利用」し、それで生き抜いてやるという「自ら」の意志がそこに現れている。そのことに反対できる人間はだれもいないだろう。

インド哲学志望の彼は、健常者のお笑い芸人が障害者の真似をして笑いをとる映像（当然、歴然たる「差別意識」、マジョリティがマイノリティを嘲る意識がある）と、しかし障害者がお笑い芸人に憧れて、自分たちの障害をネタにして笑いをとる映像を流して、さて、この両者に何の違いがありますか、みているみなさんはどう感じますか、と問題提起してくれたのである。私にはこれは大変示唆的におもえた。

障害者とは不当に差別されるひとであり、差別はいけない、それを笑いものにするなどもってのほかだ。障害者は正当にして正義の社会のなかできちんと平等にあつかわれなければならない。こういう言説は確かに正当である。近代民主主義の中で育った多くの人間（私自身も含む）は無前提的にそうだとおもいこむ。しかしそれは一面、マジョリティがマイノリティを温厚に包摂することであり、特異な者のはみだし方を公理系のなかへとおさめるだけのことではないのか。

もちろん、Eテレでお笑い芸人で売り出そうという彼らの策術のあざとさへの批判もありうるかもしれない（彼らは二〇一八年十一月に解散したとのことである）。障害者団体のなかでも彼らに対する評価はさまざまだろうと推測される。それはそうだろう。

しかし身体や精神の奇形というのは、正直いえば生命の必然である。いわゆる「正常」とは何かがつねに懐疑にさらされるように、（クィアの理論でいえば、まさに誰もが幾分か男性で幾分か女性でしかありえないように）実は誰もが幾分かは障害者であるはずである。それゆえに、この問題はおおきな棘として突き刺さってくる。

バリバラというテレビ番組における、脳性マヒブラザーズが示す問いの本質は、われわれの「民主主義的で公平な社会」という常識に、マイノリティそのものの棘を突きつけ、一種の判断停止に追いこんでいくことにある。彼らは、自分たちを笑いとばしてほしい、そう欲している。しかし彼らを笑っていいのだろうか。「常識」（ドゥルーズがあれほど嫌った）のなかで「彼らを笑うことはいけないことだ」ととまどう自分がいる。どうすればよいのだろうか。

しかしそこで私は、本当に自分がマジョリティに属しているのかさえぐらつく。自分の常識やそのあたりまえとおもっていた立場までもが疑義にふされる可能性がある。私が彼らだったらどうするか。いや私は別の意味で彼らそのものではないか。

こうした事態は、現世においてはおそらくはアイロニーやユーモアでしか切り返せない領域に踏みこんでくる。

生命の政治といえば、死生学や生命倫理、生の自己決定から優生学まで大抵は「大上段」に構えた言葉を振りかざすものが多い。しかし本当の生の政治とは、まさにわれわれのミクロな身体性のなかに見いだされる動きを挑発し、正常や常識なるものへの違和感を焚きつけていくことにしかないだろう。バリバラの彼らをみるわれわれはうろたえる。そこで「常識的」には処理しきれないものが顔をだす。そこではわれわれは、ある意味でマイノリティとして彼らをみる「安全な」マジョリティである立場を維持することができない。この問いにたち向かうことは、いわば自分自身が抱えもつマイノリティ性をさらけだすことでしか、考えが進まない。そうした自己のなかにあるマイノリティ性に届いたとき、何かの「革命的連結」が生まれうる。

そして障害という意味でのマイノリティ性は、生命の議論と近接する。誰もが生命である以上、幾分かは、精神にであれ身体にであれ病や障害をもち、幾分かは性的にクィアであり、幾分かは異常者である。そんなものを共有しない人間など、そもそも実在さえしえない。生命であるかぎり、こうした底部は、生きる過程において、そこここでひきずりだされる。そしてそこから突きつけられる「解けない問い」と向きあうことになる。

こうしたこと以外に、「革命的連結」のミクロな実践などはないとおもう。資本主義的な公理系がつきつけてくる接合（それは同型的な「常識」のなかで「正当性」を追い、増大させるものである）ではなく、革命的連結とは、それぞれの生のなかで、それぞれの身体のなかで、何かのズレや違和感を、湧き上がってくるままにとらえさせ、その違和感においてつながりをもつことだろう。あたかも遵法ストのように。

こうした運動が「徒党集団」を形成し、ある程度世界の政治を変えることもありうる。だがそれは大文字の革命ではないし、それを志向するものでもない。『千のプラトー』などでの後期ドゥルーズの、壮大なノマドロジーの議論を、その金属の生という主題にそくして語れば、それはこうした自己の有機的身体のなかに湧き起こってくる別の力を（第一部では吃ること、という事例が提示されている）掘り起こし肯定すること、それを横でつなぐことでしかないだろう。政治において何かが変わりうるのも、こうしたマイナー性が表面に現れ、それが徒党をなすことによってしか果たせない。

ひとりでありながら複数であること。孤独でありながら群れでしかありえないこと。それぞれが条里空間に、資本の公理系に絡めとられた存在でありながら、その底部にうごめくマイナーな差異を抱えもち、ときに露呈してしまうこと。その露呈をもって「公理」にとらわれない「連結」をおこなうこと。

マジョリティのなかにもマイノリティはあり、マイノリティのなかにもマジョリティはある。中心にいようが自分はつねに周辺におかれており、正常でありながら自分はつねに逸脱している。それ自身を連結させること。

ユーモアやアイロニーでしか表現されないこうした政治は、繰り返すが「何か」を目指すものではない。Be foolishとは、狂人そのものになることではない。平穏に暮らしていてもそもそも誰もが狂人なのだ。そしてそれをどの深度から探りとるのか、何に向けて連結していくのか。そこにしか問題はない。蟻や羽虫のような集団の有象無象なうごめきが、堅固な構築物をなし崩しにしてしまうように、われわれの底部にある動きを連結させ、マジョリティを侵食していくこと。そこにしか、生命の政治のあり方はみいだしえない。

ドゥルーズ小伝

ドゥルーズは影の薄いひとだとおもう。

書かれたものの華々しさとは対照的に、ドゥルーズ本人の生にはさほど鮮烈なイメージはない。一世代上のサルトルをおもえば、旺盛《おうせい》な政治的・文学的活動が目をひく。そして同世代のフーコーを考えるならば（同性愛という事情も含めて）、やはり社会的なマニフエストの強さは決定的である。そのような、時代にかかわっていく（あえていえば）男性的な強靭《きょうじん》さのようなもの、肉体そのものの現前がそのひとを規定するようなイメージはドゥルーズにはない。

またデリダを引きあいにだしてもよい。デリダも現前の不在を論じるこのひとらしく、初期には自らの素顔を隠しつづけていたが、ある時期以降は、自伝というエクリチュールの形式をパロディー的に繰り返し、むしろ自らのユダヤ的出自について執拗《しつよう》に問いつめていく。そうした出自に対するこだわりもまた、ドゥルーズにはほとんど感じとれない。どこから現れどこに消えていったのかよくわからない摑《つか》みどころのなさが、ドゥルーズの生には漂っている。

ドゥルーズの詳しい伝記としては、すでにフランソワ・ドス『ドゥルーズとガタリ：交差的評伝』がある。そこでは相当に詳細なドゥルーズの生き方やさまざまな当時の知識人との関連が描かれている。この手の書籍は今後もさまざまに出版されるだろう。フランスではドゥルーズの写真を集めた書籍さえ出版されている（もちろんそれはそれで興味深いのだが）。これらが示すものは真実の一面であるに違いない。だがそれでもやはり、ドゥルーズの生は、ある種の霧のなかに隠れている状態である方がふさわしくも感じられる。

こうした個性的な脆弱さは、ドゥルーズの身体性そのものに由来するのかもしれない。長く肺の病を患い、アルコール中毒であるともいわれていた。最後にはアパルトマンの窓から飛び降りたが、老年期の、といってもいい自殺には、自死という事態が含むけたたましさのようなものは感じられない。あくまでも静かに消え去っていくこと。しかしながら敗北ですらないこと。それについて過剰に語るべきではない静謐《せいひつ》な雰囲気。それればかりが感じられる。

ソルボンヌの助手から最後にはヴァンセンヌ（パリ第八大学）の教師へ。派手な移動はほとんどなく、シンポジウムも学会的な集団も、まして派閥的・党派的な活動もおおよそ好きではない。英文学者の配偶者と二人の子供。ある意味でアカデミックに静かに過ごされた奇矯な現代哲学者の生。後年には、多くのファンにとりかこまれ、奇妙な熱狂のなかでシネマを講じることもあっただろう。ガタリとの共闘以降、著作のうえでは政治的な意味で〈外部〉へのひらかれが自覚的になされてもいる。だがドゥルーズに漂う雰囲気そのものには、さしたる変化もなかったようにみえる。

攻撃的でアグレッシヴなサディズムではないが、サディズム－マゾヒズムという二項対立で語られるマゾヒスティックな受動性というよりも、そもそもそうした二項対立の内側にくぐもるような、ある意味ではきわめて苛烈《かれつ》な受苦的な生。おおよそ男性的ではないが、しかし男性性と女性性という相補性をもうち消してしまうような、未分化で残酷な少女性への愛好。ピュアな卵であることと、そうした卵でありつづけることのどうしようもなさ、それらを同時に引き受ける生き方。哲学者の思考とそのひととの共鳴は、ドゥルーズにおいて、とりわけ顕著であるようにみえる。

読書案内

［1］ドゥルーズの本

ドゥルーズの仕事の分類については、本人の考えも含め、いろいろな仕方があるとおもう。しかし私は、基本的には三つのグループに分類することが、読み始めのひとにとってわかりやすいと考える。

第一には、哲学史を語るドゥルーズである。ベルクソン、ニーチェ、スピノザ、ヒューム、カントについての諸論考が、さしあたりそれにあたる。

ドゥルーズは自分の思考をつくりあげるさいに、哲学史の諸概念をきわめて大切に扱っていた。彼の哲学そのものが、コラージュとしての哲学史の実践という側面を含んでもいる。デカルト－ヘーゲル－現象学という哲学の主要なルートを避けながら（カントに対してはそう言いきれない部分はあるが）、経験論、汎神論、生の哲学という別様の哲学史の途をきわだたせていく手さばきの見事さや、そこでのドゥルーズ自身の存在論の編みだし方の絶妙さを見てとるべきである。

とりわけ本書でも強調したように、ドゥルーズはベルクソンの主要概念を丁寧に吟味することから、自己の哲学の骨格をつくりあげている。その意味でも、『ベルクソニズム』と、若い頃のベルクソン論の翻訳である「ベルクソンにおける差異の概念」(『無人島 1953-1968』所収)は必読であるとおもう。

第二にはもちろんのこと、ドゥルーズが自分の哲学を語りだす場面である。『意味の論理学』と『差異と反復』が、その中心であることに異論はないだろう。なかでも『差異と反復』は、精緻に体系化された存在論を展開している点で、まさに代表的な著作である。この書物は、ハイデガーの『存在と時間』やアドルノの『否定弁証法』、デリダの『声と現象』やフーコーの『言葉と物』等と並び、繰り返し読まれるべき二〇世紀的思考の古典中の古典であるし、六〇年代という狂騒の時代が生みだした知性の産物という意味でも評価されるべきである。

それと、『シネマ』の二冊は、ドゥルーズ後期の本格的な代表作であるとおもう。この書物は、主題としては、映像の時代的な展開を論じるというきわめて限定されたものであるが、実際には、イマージュの存在論を真正面から描いている。まったく勝手な予想をいえば、九〇年代に書かれたかもしれないドゥルーズの主著は、生命科学に密着したものであっただろう（『哲学とは何か』では端々にそうした意向が見てとれる）。しかし八〇年代のドゥルーズにとって、生成の存在論を語る実験場とは、何よりも映像という装置なのであった。その意義は低く見積もるべきではない。

第三には、ガタリとの共著、「資本主義と分裂症」という副題が付された『アンチ・オイディプス』と『千のプラトー』の二冊をあげるべきである。それは〈内在の哲学〉としてのドゥルーズの思考を、精神分析・家族論・国家論・芸術学・言語学・生物学・政治的実践などの〈外部〉へと、いささか常軌を逸したかたちで解き放つ方向をたどっている。一般的にはこのラインのドゥルーズが、よく読まれ、またよく批判されている。これらの作品においてはとくに政治的な意味を含んだ実践に、ドゥルーズの生の思考がどう絡みあうのかは重要である。生の思考は、はじめから政治的であり実践的である。しかしそれが、従来の偽装された実践を根底から覆すには、派手派手しい舞台装置も必要であるのだろう。

さて、以上をまとめつつ、ではドゥルーズは何から読めばよいのかといえば、私は「何を構造主義として認めるか」というフランソワ・シャトレ編『二十世紀の哲学　西洋哲学の知8』（白水社）のために書かれた論考（『無人島 1969–1974』所収）をあげておきたい。これは、哲学史用のテクストとして、ドゥルーズが構造主義の解説を書いたものである。しかしこれも、おおよそ一般向けの解説論文ではない。この論考においてドゥルーズは、構造主義を説明するというスタンスをとりながら、実際にはこの時代のコンテクストのなかで、どのように自分の理論を形成したのかを照らしだしていく。そうした意味で、この論考は簡単なものではないが、ドゥルーズの理論に触れるひとつの導入にはなりうるとおもう。

［2］ドゥルーズ解説書

ドゥルーズなんて皆目わからないと、誰もがいう。確かに素朴な読者にとってはわけのわからないジャルゴン（専門語）に充ちた文章である。哲学を多少なりともかじった読者にとっては、奇矯でいい加減なポストモダン以外の何ものにも見えなかったりする。

ドゥルーズの解説書といわれるものの多くは、こうしたわけのわからなさにあまり応えてくれていないとおもう。だいたいの論者は、ドゥルーズ流のジャルゴンが大好きだったり、そのアジテーションへの共感が強すぎて、あまりドゥルーズの議論を整理してくれてはいない。してくれていても、無自覚に一面的だったりもする（もちろん私もひとのことはいえない）。ドゥルーズのあくの強さに対抗するためには、筆者も個性をまるだしにしなければ、ひたすら呑《の》み込まれるだけという側面もあるだろう。

そうしたくせのあるドゥルーズ関連本でも、導入期の古典的作品としてつぎの二冊をとりあげないわけにはいかない。浅田彰の『構造と力』（勁草書房）と丹生谷貴志の『光の国　あるいはVoyage en Vain』（朝日出版社）である。

浅田の本は（『逃走論』筑摩書房、も含めて）八〇年代に流行した、ポストモダニストとしてのドゥルーズのイメージを決定づけた書物である。この本でのドゥルーズのとりあげ方は、典型的に一面的である。そもそも哲学史のなかのドゥルーズの位置づけを踏まえていない。参照しているテクストはほとんどが、ガタリとの共闘以降の、ポストモダン的実践の色彩が強い時期のものでしかない。現代思想のなかでのドゥルーズの切り分け方も、クリアさが売りのこの本にしてはあまりピンとこない。マルクス主義壊滅後のサヨクの論理を救うためにドゥルーズの破天荒さを動員してやれという意図は性急である。

にもかかわらず浅田の本が、突風のような役割を果たしたことは、幾重にも認めなければならない。ドゥルーズが日本でこれほどまでに読まれ、よかれあしかれ多くのひとの注目を集めたのは、浅田による鮮烈としかいいようのないドゥルーズの提示があったからにほかならない。浅田の議論が、ドゥルーズの魅力を充分に伝える力をもちあわせていたことは、誰にも疑いようがない。それにこうした受容のされかたは、ドゥルーズにとって必ずしも不幸ではなかったはずだ。

同様の意味で、丹生谷の本も、少なくとも私にとっては衝撃的であった。この書物は多分絶版で入手困難だとおもわれるので〈月曜社から新版の告知がなされているもののいまだに刊行されていない〉、ここで紹介するのはふさわしくないかもしれないが、浅田とは別の意味で、丹生谷はドゥルーズの本質を描ききっている。丹生谷は、むしろ内在に密着した欲望の強度そのもの、卵の未分化さがもちあわせている唯物的な無意味さを言葉巧みに露呈させていく。〈器官なき身体〉という、卵の潜在性のイマージュがはらむ空虚さや残酷さの側面を、丹生谷は徹底して記述する。彼の文章は、空虚であるがゆえの肯定の強さを描ききるものであるため、ドゥルーズやフーコーの位置づけという観点からも優れたものといえる。

彼らのような秀逸な文化評論家、文芸評論家が描くドゥルーズは、ドゥルーズの哲学の重要さを情動的に明白にしてくれる。とはいえ、ドゥルーズの思考が咀嚼《そしゃく》され、さまざまな科学や社会的実践との連携のなかで、哲学の未来のあり方を決定づけるべく展開されるためには、ドゥルーズの「理論」の内に入り込まなければならない。そこからの帰結を丁寧に追わなければならない。

さて、こうしたドゥルーズ導入期をへて、二〇〇〇年という年を前後に、ドゥルーズに関する「研究」書が日本語でもあらわれてくる。それはもはや、ドゥルーズを同世代的な思考として追いかけるというよりも、よくもわるくもそれを西洋哲学史の中に古典としてくみこもうという方向性をもつ。

最初期の研究書について、日本語で読めるものに限定すると、まずは小泉義之の『ドゥルーズの哲学』（講談社現代新書、のち講談社学術文庫）をとりあげないわけにはいかない。同書は、日本人の「哲学者」によるはじめてのドゥルーズの概説書であり、とりわけ数理哲学の方向からドゥルーズを位置づける点において、きわめて重要な役割を果たした。当時は、日本の大学の修士論文や博士論文でドゥルーズを研究テーマとすることさえ困難な状況にあった。筆者の筆致には、当時のいわば「流行りもの」であったカオス理論や複雑系科学の影響が濃いのだが、数理哲学を媒介させてのドゥルーズへの踏みこみは不可欠であり、時代を画するものといえる。

期を前後して、海外の主要な思想家の、必ずしもドゥルーズに好意的ではない部分も含む著作も日本語で読めるようになった。若くして自死したフランソワ・ズーラビクヴィリの『ドゥルーズ・ひとつの出来事の哲学』（河出書房新社）は小品であるが、出来事性の哲学者としてのドゥルーズをよく示している。アラン・バディウはドゥルーズの思想的論敵でもあるが、彼の『ドゥルーズ：存在の喧騒』（河出書房新社）は、一者に収斂するドゥルーズ批判として読め、読解として一面的との批判はあるが、やはりいまだにみるべき内容をもつ。スラヴォイ・ジジェクの『身体なき器官』（河出書房新社）はいわば完全なアンチ本であるが、ジジェクという二〇〇〇年前後の思想的スターがドゥルーズに喧嘩を売る本でもあり、ある意味でもドゥルーズ受容の成熟がみえる。

日本語でのドゥルーズ関連本において二一世紀において何よりも重要なのは江川隆男『存在と差異：ドゥルーズの超越論的経験論』（知泉書館）の出現である。とりわけこの著作で、江川が一貫した読み筋として提示した「反-実現論」については、ドゥルーズ総体におけるこのタームの使い方をみるに疑念なしとしないが、これがドゥルーズの哲学的思考に真っ向から切りこんだ最初の作品であることには間違いがない。独自のスピノザ解釈やガタリ解釈をおりこんで思考を続ける方向性は、ドゥルーズという主題から離れた筆者の旺盛な著述につながっており、ドゥルーズにかんする独自研究の日本における記念碑的作品であることははっきりしている。

またその後、中堅どころの研究者が、いくつものドゥルーズ研究書を出版するようになってきている。政治思想などで多くの著作をなし、多方面に活躍の幅を広げている國分功一郎の『ドゥルーズの哲学原理』（岩波書店）、またやはり表象文化論の系譜に属しながら数多くの著述をものにしている千葉雅也『動きすぎてはいけない：ジル・ドゥルーズと生成変化の哲学』（河出書房新社、のち河出文庫）などは若い世代にとっては、ここからドゥルーズを読みはじめたひとも多いはずだ。國分の、スピノザ研究から思想にとりくみ、政治に強くかかわりつつドゥルーズを読み解いていく仕方や、とりわけ精神分析やクィアなどの問題とともに、数多くの文化事象に発言を繰り広げる千葉の活躍は、ある時期のドゥルーズ研究のモデルとなるものだろう。

さらに、とりわけ政治哲学に特化したものとしてはギヨーム・シベルタン＝ブラン『ドゥルーズ＝ガタリにおける政治と国家：国家・戦争・資本主義』（書肆心水）、松本潤一郎『ドゥルーズとマルクス：近傍のコミュニズム』（みすず書房）をさしあたりあげることができる。とりわけ松本の書物は、日本語文献で真正面からドゥルーズ政治学にとりくんだものとしては貴重である。

加えて、著者にとっては自身の指導学生であったため強調するのははばかられるが、近藤和敬の一連のカヴァイエス研究（文献一覧にはあげていないが『構造と生成Ｉ　カヴァイエス研究（シリーズ・古典転生）』（月曜社））などに代表されるフランス・エピステモロジー研究の展開は、ドゥルーズの数理哲学や科学哲学の側面に確実に光を当てるものであり、近著『〈内在の哲学〉へ：カヴァイエス・ドゥルーズ・スピノザ』（青土社）も、このラインに属するものとしてあげるべきであろう。さらに小倉拓也の『カオスに抗する闘い：ドゥルーズ・精神分析・現象学』（人文書院）は、精神分析や芸術論の観点からドゥルーズを考究する独自性があり、この方向からのドゥルーズ研究について指針となるものとおもわれる。
こうした若い世代のドゥルーズ論は今後も陸続と刊行されていくのだろう。

ここでは個別に触れることはできなかったが、この間、さまざまな雑誌あるいはムックといった媒体でドゥルーズ関連特集は出版されている。さらに翻訳されるべき海外における著作としても、ダニエル・スミス、マニュエル・デランダ、アンヌ・ソヴァニャルグ、ジェフリー・ベルなどがあげられるだろう。また近年の思弁的実在論や、新唯物論の論者がドゥルーズに影響を受けていないことはありえないこと、ドゥルーズの議論はすでに人類学などで咀嚼され、ブラジルのエドゥアルド・ヴィヴェイロス・デ・カストロ等を経由し様々な動きがあることなどにも注意を払う必要がある。今後これらの書籍の系統だった翻訳が期待される。

なお最後に言及しておきたいが、ドゥルーズに関しては、本文中にも触れたが現在Deleuze and Guattari Studiesという国際雑誌がエジンバラ出版から年四回刊行され、これに伴う大会が、ヨーロッパ・アメリカ地域および、アジア地域で毎年開催されている。基本的にはアングロ＝サクソン圏の学会であり、一面ではドゥルーズ＝ガタリ研究の幅を広げているが、フランス側から積極的な参加があるかといえばそうでもなく、ただそれはそれで「もはやフランス思想ではない」（さらにいえばフランス語で読むことも求められていない）ドゥルーズという、グローバルな状況を反映しているともいえる。アジア大会はすでに日本で二回開催されているが、注目すべきはこの分派のように、インドで独自の国際大会が毎年開催されていることである。インドや中国でドゥルーズが大挙して読みだされる時代はもうすぐであり、日本人読者としてもそうした業績を無視しえない事態が今後生まれることも確かだろう。

さらにいえば、ヨーロッパ・アメリカ地域といっても、とりわけ南米諸国は（ヴィヴェイロス・デ・カストロなどを含め）独自のフランス思想の受容の歴史があり、かつガタリの思想については未刊行のポルトガル語草稿が残ってもいる。ドゥルーズの入門書では、こうした事情についての詳細な記述は無理であるが、一面、ドゥルーズが「フランス現代思想」という枠組みをすでに超えた多様性において読まれていることも念頭におくべきであるだろう。

文献一覧

1 ドゥルーズの著作

[単著]

『ヒュームあるいは人間的自然：経験論と主体性』朝日出版社、一九八〇年［＝『経験論と主体性：ヒュームにおける人間的自然についての試論』木村元・財津理訳、河出書房新社、二〇〇〇年］（原著一九五三年）
『ニーチェと哲学』江川隆男訳、河出文庫、二〇〇八年（原著一九六二年）
『カントの批判哲学』國分功一郎訳、ちくま学芸文庫、二〇〇八年（原著一九六三年）
『プルーストとシーニュ：文学機械としての『失われた時を求めて』』宇波彰訳、法政大学出版局、一九七四年（原著一九六四年）
＊『プルーストとシーニュ：文学機械としての『失われた時を求めて』』増補版、宇波彰訳、法政大学出版局、一九七七年［＝新装版一九八六年］（原著一九七六年）
『ニーチェ』湯浅博雄訳、ちくま学芸文庫、一九九八年（原著一九六五年）
『ベルクソニズム』檜垣立哉・小林卓也訳、法政大学出版局、二〇一七年（原著一九六六年）

『ザッヘル＝マゾッホ紹介：冷淡なものと残酷なもの』堀千晶訳、河出文庫、二〇一八年［『マゾッホとサド』蓮實重彥訳、晶文社、一九七三年］（原著一九六七年）
『スピノザと表現の問題』工藤喜作・小柴康子・小谷晴勇訳、法政大学出版局、一九九一年［＝新装版、二〇一四年］（原著一九六八年）
『差異と反復』財津理訳、河出書房新社、一九九二年［＝河出文庫、上下巻、二〇〇七年］（原著一九六八年）
『意味の論理学』上下巻、小泉義之訳、河出文庫、二〇〇七年（原著一九六九年）
『スピノザ：実践の哲学』鈴木雅大訳、平凡社、一九九四年［＝平凡社ライブラリー、二〇〇二年＝新装版、二〇一九年］（原著一九八一年）
『フランシス・ベーコン：感覚の論理学』宇野邦一訳、河出書房新社、二〇一六年（原著一九八一年）
『シネマ１＊運動イメージ』財津理・齋藤範訳、法政大学出版局、二〇〇八年（原著一九八三年）
『シネマ２＊時間イメージ』宇野邦一ほか訳、法政大学出版局、二〇〇六年（原著一九八五年）
『フーコー』宇野邦一訳、河出書房新社、一九八七年［＝河出文庫、二〇〇七年］（原著一九八六年）
『襞：ライプニッツとバロック』宇野邦一訳、河出書房新社、一九九八年［＝新装版、二〇一五年］（原著一九八八年）
『記号と事件：一九七二―一九九〇年の対話』宮林寛訳、河出書房新社、一九九二年［＝河出文庫、二〇〇七年］（原著一九九〇年）

『消尽したもの』宇野邦一・高橋康也訳、白水社、一九九四年（原著一九九二年）
『批評と臨床』守中高明・谷昌親・鈴木雅大訳、河出書房新社、二〇〇二年［＝守中高明・谷昌親訳、河出文庫、二〇一〇年］（原著一九九三年）
『無人島 1953-1968』宇野邦一ほか訳、前田英樹監修、河出書房新社、二〇〇三年（原著二〇〇二年）
『無人島 1969-1974』稲村真実ほか訳、小泉義之監修、河出書房新社、二〇〇三年（原著二〇〇二年）
『狂人の二つの体制 1975-1982』宇野邦一ほか訳、河出書房新社、二〇〇四年（原著二〇〇三年）
『狂人の二つの体制 1983-1995』宇野邦一ほか訳、河出書房新社、二〇〇四年（原著二〇〇三年）
『ドゥルーズ 書簡とその他のテクスト』宇野邦一・堀千晶訳、河出書房新社、二〇一六年（原著二〇一五年）

［ドゥルーズ＝ガタリの著作］
『アンチ・オイディプス』上下巻、宇野邦一訳、河出文庫、二〇〇六年（原著一九七二年）
『カフカ：マイナー文学のために』宇野邦一訳、法政大学出版局、二〇一七年［宇波彰、岩田行一訳、法政大学出版局、一九七八年］（原著一九七五年）
『千のプラトー：資本主義と分裂症』宇野邦一ほか訳、河出書房新社、一九九四年［＝河出文庫、上中下巻、二〇一〇年］（原著一九八〇年）
『哲学とは何か』財津理訳、河出文庫、二〇一二年（原著一九九一年）

［共著］

ジル・ドゥルーズ、アンドレ・クレソン『ヒューム』合田正人訳、ちくま学芸文庫、二〇〇〇年（原著一九五二年）

ジル・ドゥルーズ、クレール・パルネ『ディアローグ：ドゥルーズの思想』江川隆男、増田靖彦訳、河出文庫、二〇一一年（原著一九七七年）

ジル・ドゥルーズ、カルメロ・ベーネ『重合』江口修訳、法政大学出版局、一九九六年（原著一九七九年）

［映像作品］

『ジル・ドゥルーズの「アベセデール」』ピエール＝アンドレ・ブータン監督、國分功一郎監修、KADOKAWA、二〇一五年

［その他のテクスト］

『基礎づけるとは何か』國分功一郎・長門裕介・西川耕平編訳、ちくま学芸文庫、二〇一八年

ジル・ドゥルーズ編著『ドゥルーズ初期：若き哲学者が作った教科書』加賀野井秀一訳注、夏目書房、一九九八年［＝『哲学の教科書：ドゥルーズ初期』河出文庫、二〇一〇年］

『ドゥルーズ・コレクションⅠ：哲学』宇野邦一ほか訳、河出文庫、二〇一五年

『ドゥルーズ・コレクションⅡ：権力／芸術』宇野邦一ほか訳、河出文庫、二〇一五年

2 日本語で読める主な関連文献

『エピステーメー：特集 リゾーム』一九七七年一〇月創刊二周年記念臨時増刊号、翻訳・編集豊崎光一、朝日出版社、一九七七年一〇月
『エピステーメー：特集 反＝哲学 フーコー・ドゥルーズ・デリダ』一九七八年一月号、朝日出版社、一九七八年一月
蓮實重彦『フーコー・ドゥルーズ・デリダ』朝日出版社、一九七八年二月［＝河出文庫、一九九五年五月］
『現代思想：増頁特集＝ドゥルーズ』vol.10-15、青土社、一九八二年一二月
浅田彰『構造と力：記号論を超えて』勁草書房、一九八三年九月
――『逃走論：スキゾ・キッズの冒険』筑摩書房、一九八四年三月［＝ちくま文庫、一九八六年一二月］
丹生谷貴志『光の国 あるいは voyage en vain』朝日出版社、一九八四年七月
『現代思想：総特集 ドゥルーズ＝ガタリ』vol.12-11、青土社、一九八四年九月
市倉宏祐『現代フランス思想への誘い：アンチ・オイディプスのかなたへ』岩波書店、一九八六年四月
船木亨『ドゥルーズ』清水書院、一九九四年三月［＝新装版、二〇一六年八月］
市倉宏祐・伊吹克己・菊地健三『ジル・ドゥルーズの試み』北樹出版、一九九四年四月

宇野邦一編『ドゥルーズ横断』河出書房新社、一九九四年九月
『現代思想：特集＝ジル・ドゥルーズ』vol.24-1、青土社、一九九六年一月
マイケル・ハート『ドゥルーズの哲学』田代真ほか訳、法政大学出版局、一九九六年三月［＝新装版、二〇一三年一〇月］
『批評空間：ドゥルーズと哲学』II-9、太田出版、一九九六年四月号
丹生谷貴志『ドゥルーズ・映画・フーコー』青土社、一九九六年六月［＝増補新版、二〇〇七年六月］
——『死体は窓から投げ捨てよ』河出書房新社、一九九六年六月
宇野邦一『D：死とイマージュ』青土社、一九九六年九月
『ユリイカ：増頁特集 ドゥルーズ『シネマ』を読む』青土社、一九九六年一〇月
フランソワ・ズーラビクヴィリ『ドゥルーズ・ひとつの出来事の哲学』小沢秋広訳・序、河出書房新社、一九九七年二月
ジャン＝クレ・マルタン『ドゥルーズ／変奏♪』毬藻充・黒川修司・加藤恵介訳、松籟社、一九九七年七月
篠原資明『ドゥルーズ：ノマドロジー』講談社、一九九七年一〇月［＝現代思想の冒険者たちSelect、二〇〇五年一二月］
アラン・バディウ『ドゥルーズ：存在の喧騒』鈴木創士訳、河出書房新社、一九九八年二月
佐伯守『〈場所的〉ということ：ドゥルーズ／西田幾多郎を読む』晃洋書房、一九九九年二月
エリック・アリエズ『ブックマップ 現代フランス哲学：フーコー、ドゥルーズ、デリダを継ぐ

活成層』毬藻充訳、松籟社、一九九九年六月
小泉義之『ドゥルーズの哲学：生命・自然・未来のために』講談社現代新書、二〇〇〇年五月
［＝講談社学術文庫、二〇一五年一〇月］
澤野雅樹『死と自由：フーコー、ドゥルーズ、そしてバロウズ』青土社、二〇〇〇年六月
ロベルト・デ・ガエターノ編『ドゥルーズ、映画を思考する』廣瀬純・増田靖彦訳、勁草書房、二〇〇〇年一二月
ミレイユ・ビュイダン『サハラ：ジル・ドゥルーズの美学』阿部宏慈訳、法政大学出版局、二〇〇一年三月
宇野邦一『ドゥルーズ 流動の哲学』講談社選書メチエ、二〇〇一年四月
『現代思想：特集 ドゥルーズの哲学』vol.30-10、青土社、二〇〇二年七月
檜垣立哉『ドゥルーズ：解けない問いを生きる』NHK出版、二〇〇二年一〇月
ルネ・シェレール『ドゥルーズへのまなざし』篠原洋治訳、筑摩書房、二〇〇三年七月
江川隆男『存在と差異：ドゥルーズの超越論的経験論』知泉書館、二〇〇三年九月
スラヴォイ・ジジェク『身体なき器官』長原豊訳、河出書房新社、二〇〇四年九月
檜垣立哉『西田幾多郎の生命哲学：ベルクソン、ドゥルーズと響き合う思考』講談社現代新書、二〇〇五年一月［＝講談社学術文庫、二〇一一年一月］
『ドゥルーズ：没後10年、入門のために』河出書房新社、二〇〇五年一〇月
江川隆男『死の哲学』河出書房新社、二〇〇五年一二月
松本潤一郎・大山載吉『ドゥルーズ：生成変化のサブマリン』白水社、二〇〇五年一二月

クレア・コールブルック『ジル・ドゥルーズ』國分功一郎訳、青土社、二〇〇六年二月
小泉義之・鈴木泉・檜垣立哉編『ドゥルーズ／ガタリの現在』平凡社、二〇〇八年一月
芳川泰久・堀千晶『ドゥルーズ：キーワード89』せりか書房、二〇〇八年七月［＝増補新版、二〇一五年三月］
佐藤嘉幸『権力と抵抗：フーコー・ドゥルーズ・デリダ・アルチュセール』人文書院、二〇〇八年八月
『現代思想：特集 ドゥルーズ』vol.36-15、青土社、二〇〇八年一二月
檜垣立哉『ドゥルーズ入門』ちくま新書、二〇〇九年四月
廣瀬純『シネキャピタル』洛北出版、二〇〇九年五月
ライダー・デュー『ドゥルーズ 哲学のエッセンス：思考の逃走線を求めて』中山元訳、新曜社、二〇〇九年五月
フランソワ・ドス『ドゥルーズとガタリ：交差的評伝』杉村昌昭訳、河出書房新社、二〇〇九年八月
澤野雅樹『ドゥルーズを「活用」する！』彩流社、二〇〇九年九月
ピーター・ホルワード『ドゥルーズと創造の哲学：この世界を抜け出て』松本潤一郎訳、青土社、二〇一〇年三月
檜垣立哉『瞬間と永遠：ジル・ドゥルーズの時間論』岩波書店、二〇一〇年一二月
宇野邦一・堀千晶・芳川泰久編『ドゥルーズ：千の文学』せりか書房、二〇一一年一月
宇野邦一『ドゥルーズ：群れと結晶』河出書房新社、二〇一二年二月

守中高明『終わりなきパッション：デリダ、ブランショ、ドゥルーズ』未來社、二〇一二年三月
森田裕之『ドゥルーズ＝ガタリのシステム論と教育学：発達・生成・再生』学術出版会、二〇一二年一〇月
江川隆男『超人の倫理：〈哲学すること〉入門』河出書房新社、二〇一三年二月
廣瀬純『絶望論：革命的になることについて』月曜社、二〇一三年五月
ジャン＝クレ・マルタン『ドゥルーズ：経験不可能の経験』合田正人訳、河出文庫、二〇一三年五月
國分功一郎『ドゥルーズの哲学原理』岩波書店、二〇一三年六月
山森裕毅『ジル・ドゥルーズの哲学：超越論的経験論の生成と構造』人文書院、二〇一三年六月
千葉雅也『動きすぎてはいけない：ジル・ドゥルーズと生成変化の哲学』河出書房新社、二〇一三年一〇月［＝河出文庫、二〇一七年九月］
山内志朗『「誤読」の哲学：ドゥルーズ、フーコーから中世哲学へ』青土社、二〇一三年一二月
江川隆男『アンチ・モラリア：〈器官なき身体〉の哲学』河出書房新社、二〇一四年六月
小泉義之『ドゥルーズと狂気』河出書房新社、二〇一四年七月
モニク・ダヴィド＝メナール『ドゥルーズと精神分析』財津理訳、河出書房新社、二〇一四年九月
小林徹『経験と出来事：メルロ＝ポンティとドゥルーズにおける身体の哲学』水声社、二〇一四年一〇月
宇野邦一編『ドゥルーズ・知覚・イメージ：映像生態学の生成』せりか書房、二〇一五年七月

森田裕之『贈与‐生成変化の人間変容論：ドゥルーズ＝ガタリと教育学の超克』青山社、二〇一五年九月
ダヴィッド・ラプジャード『ドゥルーズ　常軌を逸脱する運動』堀千晶訳、河出書房新社、二〇一五年九月
『ドゥルーズ：没後20年　新たなる転回』河出書房新社、二〇一五年一〇月
エドゥアルド・ヴィヴェイロス・デ・カストロ『食人の形而上学：ポスト構造主義的人類学への道』檜垣立哉・山崎吾郎訳、洛北出版、二〇一五年一〇月
藤元登四郎『〈物語る脳〉の世界：ドゥルーズ／ガタリのスキゾ分析から荒巻義雄を読む』寿郎社、二〇一五年一〇月
大山載吉『ドゥルーズ　抽象機械：〈非〉性の哲学』河出書房新社、二〇一六年四月
アンドリュー・カルプ『ダーク・ドゥルーズ』大山載吉訳（宇野邦一・江川隆男らによる応答所収）、河出書房新社、二〇一六年一一月
渡辺洋平『ドゥルーズと多様体の哲学：二〇世紀のエピステモロジーにむけて』人文書院、二〇一七年二月
佐藤嘉幸・廣瀬純『三つの革命：ドゥルーズ＝ガタリの政治哲学』講談社選書メチエ、二〇一七年一二月
ギヨーム・シベルタン＝ブラン『ドゥルーズ＝ガタリにおける政治と国家：国家・戦争・資本主義』上尾真道・堀千晶訳、書肆心水、二〇一八年三月
ピエール・モンテベロ『ドゥルーズ：思考のパッション』大山載吉・原一樹訳、河出書房新社、

二〇一八年三月
小倉拓也『カオスに抗する闘い：ドゥルーズ・精神分析・現象学』人文書院、二〇一八年七月
仲正昌樹『ドゥルーズ＋ガタリ〈アンチ・オイディプス〉入門講義』作品社、二〇一八年七月
福尾匠『眼がスクリーンになるとき：ゼロから読むドゥルーズ『シネマ』』フィルムアート社、二〇一八年七月
兼本浩祐『なぜ私は一続きの私であるのか：ベルクソン・ドゥルーズ・精神病理』講談社選書メチエ、二〇一八年一〇月
檜垣立哉・小泉義之・合田正人編『ドゥルーズの21世紀』河出書房新社、二〇一九年一月
松本潤一郎『ドゥルーズとマルクス：近傍のコミュニズム』みすず書房、二〇一九年二月
森田裕之『ドゥルーズ『差異と反復』を読む』作品社、二〇一九年二月
佐藤公治・長崎聡『ヴィゴツキーからドゥルーズを読む：人間精神の生成論』新曜社、二〇一九年三月
松本卓也『創造と狂気の歴史：プラトンからドゥルーズまで』講談社選書メチエ、二〇一九年三月
小林卓也『ドゥルーズの自然哲学：断絶と変遷』法政大学出版局、二〇一九年六月
小泉義之『ドゥルーズの霊性』河出書房新社、二〇一九年六月
近藤和敬『〈内在の哲学〉へ：カヴァイエス・ドゥルーズ・スピノザ』青土社、二〇一九年六月
江川隆男『すべてはつねに別のものである：〈身体－戦争機械〉論』河出書房新社、二〇一九年八月

中田光雄『ドゥルーズ　魂の技術と時空・生起－動・〈意味〉を現働化する』水声社、二〇一九年九月

哲学のエッセンス版あとがき

シリーズ編集協力者の斎藤慶典さんから、ドゥルーズについて短い本を書いてくれないかとの依頼があったときには、渡りに船のようなお話だとおもって、一も二もなく引き受けさせていただいた。そのときはドゥルーズに関する長大な論考を構想していて、潜在性の存在論をダイレクトに扱うはずのその論考はまだ書きだしてもいないけれど(いつ書くのかもわからないけれども)、それに先だって、ドゥルーズについて書くことが「何を」意味するのかをコンパクトにまとめる機会が与えられたことは単純にうれしかった。それに、こんな個人的なことばかりではなく、ドゥルーズの入門書が、この哲学者のあまりに大きな名声に対して手薄である、という事情もいろいろと気にかかっていた。なによりも、哲学者としてのドゥルーズの評価を踏まえた素描は、ドゥルーズが苦闘した「問題」を現代という場面に解き放つためにも不可欠であるはずだ。それには、後期資本主義の文化にのっかった軽薄なポストモダンといわれがちなこの哲学者が、何の「問題」に立ち向かったのかを、率直に提示することがやはり必要であるようにおもわれた。

この本が、そうした課題にうまく応えられているのかは、あたりまえながら読者の判断をまつしかない。この本自身、ドゥルーズについての論述としてはかなりの偏りがある。枚数の制約もあって、過剰に単純化せざるをえなかった部分も多い。こうした本を、哲学というジャンルで、しれっと出版することには異見もあるだろう。でも、ドゥルーズという「問題」を、生のままで示すことができるこうした仕事は、それなりの価値があると私にはおもえた。こういう形式だからこそ声を届かせうる多くの人（とりわけ若い人）が、この本で扱っている問題を思考するきっかけに少しでもなってくれればと切に願う。

いつもながら勝手にメールで草稿を送りつけられたり、長々と議論をされて困惑したに違いない大阪大学人間科学部の学生の方たちに感謝します。NHK出版の池上晴之さんからは、何度も何度もダメだしをされて、途中投げだしたくもなったけれど、そのおかげで少しは明晰《めいせき》な書物になりえたかなとおもっています。何といっても、哲学に必要なのは、偉ぶった晦渋《かいじゅう》さではなく、透き通るような明晰さであるべきなのですから。

二〇〇二年八月

檜垣立哉

文庫版あとがき

すでにまえがきで記したことの反復になるが、この本はＮＨＫ出版のシリーズで刊行された書物を第一部とし、その後半部として第二部を加え、新版にするという体裁をとっている。それゆえ、もとの本の部分と、今度書き加えた部分では、漢字やひらがなの用法や、さまざまな文章の雰囲気にズレがある。だが、それはいちいち直さずそのままにした。かなりの年月が流れているがゆえ仕方ないことでもあるうえ、第一部については、当時の筆致をそのままに掲載したかったことも本音である。また続けて読んでみて、筆者はさほどの違和感を受けなかったということもある。

第二部は、本文中でも記したように、拙著『ヴィータ・テクニカ』（青土社）の記述と重なる部分もあるし、とりわけ冶金術の部分は『科学と文化をつなぐ』（春日直樹編、東京大学出版会）に寄稿した論考や、海外での学会発表の文章をもとにしている。しかしながら、今回はあくまでもドゥルーズおよびドゥルーズ＝ガタリにおける、「テクノロジー」と「マイノリティ」という主題に焦点化し、かつ二一世紀の生命の思想としてのドゥルーズを浮かびあがらせるべく書き下ろしたものである。第一部の議論からうまく接続され、ドゥルーズの試みの総体にあるイメージを、それぞれの読者が喚起してくれればと考えている。

＊

ドゥルーズを「現代思想」という枠でくくるのがいささか奇妙になるくらい、彼が文章を書いた時代は遠くにすぎさってしまった。先にあげた参考文献をざっとみても顕著であるが、ドゥルーズについては一面古典研究としての方向性も深掘りされているし、他方で、とくにガタリとの共著のもっていた破天荒な力は、多方面への展開において生かされている。政治哲学や人類学などはその応用がもっとも著しくなされている分野であるだろう。哲学的にも新唯物論や、思弁的実在論においてドゥルーズの影響をみないことはできない。今後ドゥルーズ（ドゥルーズ＝ガタリ）がいかなる読まれ方をするのかは、いまだに明らかではないが、そのいずれも誤りとはいえないだろう。思想はそれを超えて進んでいけばいいのであって、ドゥルーズやフーコーなどが現実的にそういう様相を示している現在、まさにそれは幸福な思考であるといえるだろう。

第一部より私が一貫してきたことは、新しさを強調する生命論としてのドゥルーズの読解であった。繰り返しておくが、これが唯一正しいドゥルーズの読み方という訳ではない。またデリダやハイデガーなどと意図的に鋭く対比させた部分もある。だが、彼らとの間にも共有する問題意識は当然あり、それを掘り下げることが必要なことも確かである。

しかしながら、やはり私には、ドゥルーズのポジティヴィストとしてのありようを強調し、そこで生命の新しさを希求するひととして描きだすことこそが重要におもえたのである。この主題がテクノロジーやマイノリティに連関することはいうまでもない。あくまでもポジティヴであることは、新しさを生みだす仕組みとしてのテクノロジーと、それ自身として新しさの萌芽であるともいえるマイノリティにおいて、一層輝きを放つものでもあるからだ。そうした意図が少しでも読者に伝われればと願う次第である。

＊

日本語でのドゥルーズの書籍および、ドゥルーズの邦語文献のとりまとめには、大阪大学人間科学研究科の平田公威君の手を煩わせました。どうもありがとうございました。

また本書のおおもとであったＮＨＫ出版の『ドゥルーズ　解けない問いを生きる』を編集していただいた池上晴之さん、そして、増補新版としてちくま学芸文庫からの出版を企画していただいた増田健史さんに深く感謝いたします。この新版が一層新たに多くの読者を獲得し、少しでも多くのひとがその思想に触れ、「思考」を開始してくれることを切に願います。

二〇一九年九月

檜垣立哉

本書は、二〇〇二年一〇月二五日にNHK出版より刊行された『ドゥルーズ――解けない問いを生きる』（シリーズ・哲学のエッセンス）を「第一部」とし、文庫化にあたり「第二部」を新たに書き下ろした。

反解釈
スーザン・ソンタグ
高橋康也他訳
《解釈》を偏重する在来の批評に対し、《形式》を感受する官能美学の必要性をとき、理性や合理主義に対する感性の復権を唱えたマニフェスト。

ニーチェは、今日?
デリダ／ドゥルーズ／リオタール／クロソウスキー
林好雄ほか訳
クロソウスキーの〈陰謀〉、リオタールの〈メタモルフォーズ〉、ドゥルーズの〈脱領土化〉、デリダの〈脱構築的読解〉の白熱した討論。

声と現象
ジャック・デリダ
林好雄訳
フッサール『論理学研究』の綿密な読解を通して、「脱構築」「痕跡」「差延」「代補」「エクリチュール」など、デリダ思想の中心的〝操作子〟を生み出す。

歓待について
ジャック・デリダ
アンヌ・デュフールマンテル序論
廣瀬浩司訳
異邦人＝他者を迎え入れることはどこまで可能か？ギリシャ悲劇、クロソウスキーなどを経由し、この喫緊の問いにひそむ歓待の（不）可能性に挑む。

省察
ルネ・デカルト
山田弘明訳
徹底した懐疑の積み重ねから、確実な知識を探り世界を証明づける。哲学入門者が最初に読むべき、近代哲学の源泉たる一冊。詳細な解説付新訳。

哲学原理
ルネ・デカルト
山田弘明／吉田健太郎／久保田進一／岩佐宣明訳・注解
『省察』刊行後、その知のすべてが記された本書は、デカルト形而上学の最終形態といえる。第一部の新訳と解題・詳細な解説を付す決定版。

方法序説
ルネ・デカルト
山田弘明訳
「私は考える、ゆえに私はある」。近代以降すべての哲学は、この言葉で始まった。世界中で最も読まれている哲学書の完訳。平明な徹底解説付。

宗教生活の基本形態（上）
エミール・デュルケーム
山﨑亮訳
宗教社会学の古典的名著を清新な新訳で。オーストラリアのトーテミスムにおける儀礼の研究から、宗教の本質的要素＝宗教生活の基本形態を析出する。

宗教生活の基本形態（下）
エミール・デュルケーム
山﨑亮訳
「最も原始的で単純な宗教」の分析から、宗教を、社会を「作り直す」行為の体系として位置づけ、20世紀人文学の原点となった名著。詳細な訳者解説を付す。

社会分業論
エミール・デュルケーム
田原音和訳
人類はなぜ社会を必要としたか。社会はいかにして発展するか。近代社会学の嚆矢をなすデュルケーム畢生の大著を定評ある名訳で送る。（菊谷和宏）

公衆とその諸問題
ジョン・デューイ
阿部齊訳
大衆社会の到来とともに公共性の成立基盤は衰退した。民主主義は再建可能か？　プラグマティズムの代表的思想家がこの難問を考究する。（宇野重規）

旧体制と大革命
A・ド・トクヴィル
小山勉訳
中央集権の確立、パリ一極集中、そして平等を自由に優先させる精神構造――フランス革命の成果は、実は旧体制の時代にすでに用意されていた。

ニーチェ
G・ドゥルーズ
湯浅博雄訳
〈力〉とは差異にこそその本質を有している――ニーチェのテキストを再解釈し、尖鋭なポスト構造主義的イメージを提出した、入門的な小論考。

カントの批判哲学
G・ドゥルーズ
國分功一郎訳
近代哲学を再構築してきたドゥルーズが、三批判書を追いつつカントの読み直しを図る。ドゥルーズ哲学が形成される契機となった一冊。新訳。

基礎づけるとは何か
ジル・ドゥルーズ
國分功一郎／長門裕介／西川耕平編訳
より幅広い問題に取り組んでいた、初期の未邦訳論考集。思想家ドゥルーズの「企画の種子」群を紹介し、彼の思想の全体像をいま一度描きなおす。

スペクタクルの社会
ギー・ドゥボール
木下誠訳
状況主義――「五月革命」の起爆剤のひとつとなった芸術＝思想運動――の理論的支柱で、最も急進的かつトータルな現代消費社会批判の書。

論理哲学入門
E・トゥーゲントハット／U・ヴォルフ
鈴木崇夫／石川求訳
論理学とは何か。またそれは言語や現実世界とどんな関係にあるのか。哲学史への確かな目配りと強靭な思索をもって解説するドイツの定評ある入門書。

ニーチェの手紙
茂木健一郎編・解説
塚越敏／眞田収一郎訳
哲学の全歴史を一新させた偉人が、思いを寄せる女性に綴った真情溢れる言葉から、手紙に残した名句まで――書簡から哲学者の真の人間像と思想に迫る。

ビギナーズ 倫理学
デイヴ・ロビンソン文 クリス・ギャラット画 鬼澤忍訳
正義とは何か? なぜ善良な人間であるべきか? 倫理学の重要論点を見事に整理した、道徳的カオスの中を生き抜くためのビジュアル・ブック。

ビギナーズ『資本論』
マイケル・ウェイン チェ・スンギョン画 鈴木直監訳 長谷澪訳
『資本論』は今も新しい古典だ! むずかしい議論や概念を、具体的な事実や例を通してわかりやすく読み解き、今読まれるべき側面を活写する。(鈴木直)

自我論集
ジークムント・フロイト 竹田青嗣編 中山元訳
フロイト心理学の中心、「自我」理論の展開をたどる新編・新訳のアンソロジー。「快感原則の彼岸」「自我とエス」など八本の主要論文を収録。

明かしえぬ共同体
M・ブランショ 西谷修訳
G・バタイユが孤独な内的体験のうちに失うという形で見出した〈共同体〉。そして、M・デュラスが描いた奇妙な男女の不可能な愛の〈共同体〉。

フーコー・コレクション（全6巻+ガイドブック）
ミシェル・フーコー 小林康夫／石田英敬／松浦寿輝編
20世紀最大の思想家フーコーの活動を網羅した『ミシェル・フーコー思考集成』。その多岐にわたる思考のエッセンスをテーマ別に集約する。

フーコー・コレクション1 狂気・理性
ミシェル・フーコー 小林康夫／石田英敬／松浦寿輝編
第1巻は、西欧の理性がいかに狂気を切りわけてきたかという最初期の問題系をテーマとする諸論考。〝心理学者〟としての顔に迫る。(小林康夫)

フーコー・コレクション2 文学・侵犯
ミシェル・フーコー 小林康夫／石田英敬／松浦寿輝編
狂気と表裏をなす「不在」の経験として、文学がフーコーによって読み解かれる。人間の境界=極限を、その言語活動に探る文学論。(小林康夫)

フーコー・コレクション3 言説・表象
ミシェル・フーコー 小林康夫／石田英敬／松浦寿輝編
ディスクール分析を通しフーコー思想の重要概念も精緻化されていく。『言葉と物』から『知の考古学』へ研ぎ澄まされる方法論。(松浦寿輝)

フーコー・コレクション4 権力・監禁
ミシェル・フーコー 小林康夫／石田英敬／松浦寿輝編
政治への参加とともに、フーコーの主題として「権力」の問題が急浮上する。規律社会に張り巡らされた巧妙なるメカニズムを解明する。(松浦寿輝)

フーコー・コレクション5　性・真理
ミシェル・フーコー　小林康夫／石田英敬／松浦寿輝編
どのようにして、人間の真理が〈性〉にあるとされてきたのか。欲望的主体の系譜を遡り、「自己の技法」の主題へと繋がる論考群。（石田英敬）

フーコー・コレクション6　生政治・統治
ミシェル・フーコー　小林康夫／石田英敬／松浦寿輝編
西洋近代の政治機構を、領土・人口・治安など、権力論から再定義する。近年明らかにされてきたフーコー最晩年の問題群を読む。（石田英敬）

フーコー・コレクション　フーコー・ガイドブック
ミシェル・フーコー　小林康夫／石田英敬／松浦寿輝編
20世紀の知の巨人フーコーは何を考えたのか。主要著作の内容紹介・本人による講義要旨・詳細な年譜で、その思考の全貌を一冊に完全集約！

マネの絵画
ミシェル・フーコー　阿部崇訳
19世紀美術史にマネがもたらした絵画表象のテクニックとモードの変革を、13枚の絵で読解。フーコーの伝説的講演録に没後のシンポジウムを併録。

間主観性の現象学　その方法
エトムント・フッサール　浜渦辰二／山口一郎監訳
主観や客観、観念論や唯物論を超えて「現象」そのものを解明したフッサール現象学の中心課題。現代哲学の大きな潮流「他者」論の成立を促す。本邦初訳。

間主観性の現象学Ⅱ　その展開
エトムント・フッサール　浜渦辰二／山口一郎監訳
フッサール現象学のメインテーマ第Ⅱ巻。自他の身体の構成から人格的生の精神共同体までを分析し、真の関係性を喪失した孤立する実存の限界を克服。

間主観性の現象学Ⅲ　その行方
エトムント・フッサール　浜渦辰二／山口一郎監訳
間主観性をめぐる方法、展開をへて、その究極の目的（行方）が、真の人間性の実現に向けた普遍的目的論として呈示される。壮大な構想の完結篇。

内的時間意識の現象学
エトムント・フッサール　谷徹訳
時間は意識のなかでどのように構成されるのか。哲学・思想・科学に大きな影響を及ぼしている名著の新訳。詳密な訳注を付し、初学者の理解を助ける。

風土の日本
オギュスタン・ベルク　篠田勝英訳
自然を神の高みに置く一方、無謀な自然破壊をする日本人の風土とは何か？　フランス日本学の第一人者による画期的な文化・自然論。（坂部恵）

ベンヤミン・コレクション1
ヴァルター・ベンヤミン
浅井健二郎編訳
久保哲司訳
ゲーテ『親和力』論、アレゴリー論からボードレール論を経て複製芸術論まで、ベンヤミンにおける近代の意味を問い直す、新訳のアンソロジー。

ベンヤミン・コレクション2
ヴァルター・ベンヤミン
浅井健二郎編訳
三宅晶子ほか訳
中断と飛躍を恐れぬ思考のリズム、巧みに布置された理念やイメージ。手仕事的細部に感応するエッセイの思想の新編・新訳アンソロジー、第二集。

ベンヤミン・コレクション3
ヴァルター・ベンヤミン
浅井健二郎編訳
久保哲司訳
過去／現在を思いだすこと――独自の歴史意識に貫かれた《想起》実践の各篇「一方通行路」「ドイツの人びと」「ベルリンの幼年時代」などを収録。

ベンヤミン・コレクション4
ヴァルター・ベンヤミン
浅井健二郎編訳
土合文夫ほか訳
〈批評の瞬間〉における直観の内容をきわめて構成的に叙述したベンヤミンの諸論考――初期の哲学的思索から同時代批評まで――を新訳で集成。

ベンヤミン・コレクション5
ヴァルター・ベンヤミン
浅井健二郎編訳
土合文夫ほか訳
文学、絵画、宗教、映画――主著と響き合い、新たな光を投げかけるベンヤミン〈思考〉の断片を立体的に集成。新編・新訳アンソロジー、待望の第五弾。

ベンヤミン・コレクション6
ヴァルター・ベンヤミン
浅井健二郎編訳
久保哲司ほか訳
ソネット、未完の幻想小説風短編など、ベンヤミンの知られざる創作世界を収録。『パサージュ論』成立の背後を明かすメモ群が注目の待望の第六弾。

ベンヤミン・コレクション7
ヴァルター・ベンヤミン
浅井健二郎編訳
文人たちとの対話を記録した日記、若き日の履歴書、死を覚悟して友人たちに送った手紙――20世紀を代表する評論家の個人史から激動の時代精神を読む。

ドイツ悲劇の根源（上）
ヴァルター・ベンヤミン
浅井健二郎訳
〈根源〉へのまなざしが、〈ドイツ・バロック悲劇〉という天窓を通して見る、存在と歴史の〈星座〉〈状況布置〉。ベンヤミンの主著の新訳決定版。

ドイツ悲劇の根源（下）
ヴァルター・ベンヤミン
浅井健二郎訳
上巻「認識批判的序章」「バロック悲劇とギリシア悲劇」に続けて、下巻は「アレゴリーとバロック悲劇」に、関連の参考論文を付して、新編でおくる。

ちくま学芸文庫

ドゥルーズ　解《と》けない問《と》いを生《い》きる〔増補新版《ぞうほしんぱん》〕

二〇一九年十一月十日　第一刷発行
二〇二五年　四　月二十日　第三刷発行

著　者　檜垣立哉（ひがき・たつや）
発行者　増田健史
発行所　株式会社　筑摩書房
東京都台東区蔵前二―五―三　〒一一一―八七五五
電話番号　〇三―五六八七―二六〇一（代表）
装幀者　安野光雅
印刷所　三松堂印刷株式会社
製本所　三松堂印刷株式会社

ISBN978-4-480-09958-7 C0110